真相解明「本能寺の変」

光秀は「そこに」いなかったという事実

菅野俊輔

JN110419

青春新書
INTELLIGENCE

× 「敵は本能寺にあり」

○ 「本能寺に取懸《とりかか》るぞ！」

はじめに

みなさん、こんにちは！　歴史家の菅野俊輔です。

歴史が好きな方なら、どなたでも興味を持たれる「本能寺の変」について、その真相を語る、新たな史料が発見されました。

令和三（2021）年一月のことで、発見された場所は〝北陸の古都〟石川県金沢市です。加賀百万石の城下町という歴史のある地ですから、16世紀の歴史的事件に関する史料が発見されたのも、もっともなことです。

金沢市立玉川図書館近世史料館には、加賀藩前田家の史料が収蔵されています。膨大な史料のなかに、加賀藩士が古老の聞き書きをまとめた『乙夜之書物《いつやのかきもの》』三冊本があります。

この『乙夜之書物』の上巻（寛文九〈1669〉年成立）に、本能寺の変に参加した明智光秀方の若武者斎藤利宗《としむね》（利三《としみつ》の子）が晩年に語った〝遺談〟が収録されていたのです。

本能寺の変の真相を明智方の武士が語っている、貴重な証言史料です。

実は、この〝遺談〟については十年ほど前に、歴史研究者・藤本正行さんの著書『本能

寺の変　信長の油断・光秀の殺意』（洋泉社、２０１０年）で出合い、その内容に大変に驚き、この原本が発見されれば、本能寺の変の真相が明らかになると興奮しました。

そのとき以来、原本はどこにあるのだろうか？　とずっと気になっておりました。

私が講師を務める古文書講座の生徒さんより、史料発見のニュースを教えていただくとすぐに、玉川図書館近世史料館に『乙夜之書物』の複写をお願いして読みはじめました。間違いありません、ずっと探していた〝斎藤利宗遺談〟でした。

令和二（２０２０）年度の大河ドラマ『麒麟がくる』を興味深く視聴しながら、九月下旬より、朝日カルチャーセンター新宿教室やよみうりカルチャー町屋センターなどにおいて一日講座や六回講座で「古文書で読み解く明智光秀」を講義していました。

大河ドラマの最終回が翌令和三（２０２１）年二月七日に放送されることを知ると、一月下旬より各所で一日講座「古文書で読み解く本能寺の変」を企画しました。

そして、講座の準備をしていたときに、新発見史料のことを知ったのです。

それゆえ、一月の講座は、このような新発見史料があります。いま読み解いておりますとの報告を兼ねたかたちでしたが、二月～三月のときは、史料内容を具体的に語ることができました。

一月〜三月は、いずれも一日講座でしたので、三月の教室&オンラインの講座で終わりを迎えましたが、私の興奮状態はおさまっておりませんでした。

新発見史料は、日本の歴史上、最大の謎といえる、本能寺の変の真相を語っています。

講座のこともあり、三巻本の『乙夜之書物』すべてに目を通し、同じ編著者（加賀藩士の兵学者関屋政春《せきやまさはる》）の写本『政春古兵談』（金沢市立玉川図書館近世史料館所蔵）にも目を通したおかげで、光秀「謀反」の理由を語る史料の存在を確認することもできました。

本能寺の変は、光秀の思い立ちを受け、斎藤利三らの家老と「侍大将」たち（光秀の重臣）が誓詞《せいし》に署名・血判して「謀反」の成就を約した突発的な襲撃事件であり、学界をも巻き込んだ、多彩な黒幕説・関与説がすべて成り立たないことになります。

それでは、日本の歴史上最大の謎といえる〝本能寺の変〟の真相と光秀「謀反」の理由に関する〝謎解きの旅〟をお楽しみください。

令和三年六月二日

菅野俊輔

＊なお、旅行制限下の執筆となったため、加賀藩関係の史料調査については、金沢市在住の今度直子さんのお世話になりました。

真相解明「本能寺の変」　目次

第二章　謀反の真相
――新発見『乙夜之書物』が明らかにした定説を覆す事実

第三章　斎藤利宗と『乙夜之書物』
――光秀軍の残党が徳川家旗本になって遺談を残すまで

第四章　〝三日天下〟の真実
——古文書解読でわかった「本能寺の変」のその後

本文DTP・図版作成/クリエイティブ・コンセプト

※史料の文章は現代語訳を原則としています。

第一章

信長と光秀の〝蜜月〟

――近年発見の史料で見えてきた特殊な関係

1 信長と光秀が出会うまで

織田弾正忠信長――「天下布武」に託した想い

15世紀後半の〝応仁の乱〟勃発（1467年）以来、全国は争乱の世となり、合戦が日常の戦国時代となります。

16世紀に入ると、数か国を支配する著名な大名が現れ、越後（新潟県）の長尾景虎（上杉政虎、輝虎、謙信）と甲斐（山梨県）の武田晴信（信玄）が戦国大名の代表的な存在となり、二人が合戦で直接に太刀打ちするなど、数次におよぶ〝川中島の戦い〟が信濃（長野県）東北部でおこなわれます。

尾張（愛知県西部）に生まれ育った織田信長は、国内に割拠する一族のなかで頭角を現して大名となった織田弾正忠《だんじょうのじょう》家の当主信秀の嫡男として後継者となり、弟やおじなど一族を抑えて、尾張の統一をはたします。

永禄三（1560）年には、駿河（静岡県東部）府中から尾張に進出してきた〝東海の太守〝今川義元を〝桶狭間の戦い〟で討ち取り、三河（愛知県東部）の大名に返り咲いた今川方の松平元康（徳川家康）と翌永禄四（1561）年に攻守同盟を結び、東方を任せます（乱世に稀なことですが、信長と家康の同盟は信長が没するまで続きます）。

永禄八（1565）年になると、京都で、十三代将軍足利義輝が、阿波（徳島県）の三好一党に襲撃され、殺されてしまう事変が起こります。

奈良興福寺の一乗院門主となっていた義輝の弟、覚慶《かくけい》が、将軍家奉公衆の細川藤孝らに導かれ、近江（滋賀県）甲賀郡の和田を経て、野洲《やす》郡の矢島に移り、還俗《げんぞく》して「義秋」と改名し、将軍をめざす「公方」として諸国の大名に支援を求めます（21ページ図表1参照）。

尾張に遣わされた藤孝の援助要請を快諾した信長は、準備を開始し、居城の小牧山を拠点として、京都への道筋となる近江に出るために、美濃（岐阜県）の攻略を策します。

二年後の永禄十（1567）年に、正室「濃姫」の甥となる、美濃稲葉山城主斎藤龍興《たつおき》（道三の孫）を追い払い、居を稲葉山城に移します。地名を「岐阜」に定め、公文書の印文を「天下布武」とし、署名の判には「麒麟」の「麟」の字を用いるようになります。

「麒麟」は、令和二（2020）年度の大河ドラマのタイトルに用いられたように、平和の世になると現れるとされる、中国の伝説上の珍獣です。光秀だけでなく、信長の「天下」

に対する想いが表れているとみることができます。

信長にとっては、美濃と尾張の二か国を支配したことにより、軍事的にも、政治的にも上洛の準備がととのったことになります。このとき、三十四歳です。

光秀は近江の生まれ?

光秀の前歴については、史料的に明らかではありませんが、近年、美濃の守護大名土岐《とき》家の一族で、戦乱により家族とともに美濃を離れて越前(福井県東部)に移り、十年ほど暮らしていることがわかってきました。

弘治・永禄年間(1555〜70)のことで、一乗谷を拠点とする大名朝倉義景《よしかげ》を頼ったことになります。

ところが、光秀は近江の生まれ、との新たな説が注目されています。

江戸時代の寛文十二(1672)年成立の『江侍聞伝録《こうじもんでんろく》』と貞享《じょうきょう》年間(1684〜88)成立の地誌『淡海温故録《おうみおんころく》』に、光秀の出自・生まれに関する記述があるといいます。編著者は、両書とも「木村源四郎」のよしです。

『淡海温故録』は近江彦根藩主井伊家へ献上された地誌で、近江の国犬上郡の「左目《さめ》」の項に次のように記されています（読み下し現代文で表記）。

左目　此の所に明智十左ヱ門居住すと云う。明智は本国美濃の在にて、土岐成頼に属せしが、後に成頼に背いて浪人し、当国に来り、六角高頼をたのみ、寄宿しける所、屋形曰く、明智は土岐の庶流にて旧家なりとて扶助米を与えられ、二、三代も此の所に居住すと云う。息《むすこ》十兵衛光秀に至りて、器量勝れたる人にて越前え立越え、朝倉家に仕えんことをのぞむ。

（国文学研究資料館蔵本）

「左目」は、現在の滋賀県犬上郡多賀町佐目のことで、佐目を通る道を東にたどると岐阜県と三重県に通じています。

これを信じると、光秀の二、三代前の先祖、祖父か曾祖父の「十左衛門」の代に美濃を離れて近江の「左目」に居住し、ここで光秀が生まれたことになります。

話には矛盾点がありませんので、近江生まれの可能性が出てきました。のちに光秀が近江とのかかわりが深くなることを考えると、納得できる話といえます。

次の話も近江でのことです。

公方足利義秋との出会い

永禄九（１５６６）年十月二十日以前に、光秀（明智十兵衛尉《じゅうべえのじょう》）は、近江高島郡の田中城に、若狭（京都府東北部）熊川出身の沼田清延《きよのぶ》（勘解由左衛門《かげゆざえもん》）と「籠城」していたことが近年わかりました（『針薬方《しんやくほう》』個人蔵）。

この年の八月末に、野洲郡矢島（滋賀県守山市）にいた足利義秋の一行が、三好一党の攻勢により、矢島を去って、若狭小浜の大名武田義統《よしずみ》を頼ることにします。

その道筋を考えると、琵琶湖の水路にしても、西岸の陸路にしても、矢島→高島郡今津→若狭街道・若狭熊川→小浜、が想定できます。小浜〜今津は、戦国時代の北国海運による物流の要地です。

地図を見ると、田中城が、矢島と小浜を結ぶ通路に位置することがわかります。光秀と沼田清延の「籠城」は、浪々《ろうろう》の公方義秋を支援するものだったことは間違いありません。

ちなみに、清延は、義秋に同行する将軍家奉公衆細川藤孝の妻「麝香《じゃこう》」の兄にあたります。

どうやら、牢人の光秀にとって、義秋に仕えるために「籠城」に加わったようです。

図表１　近江の国要図

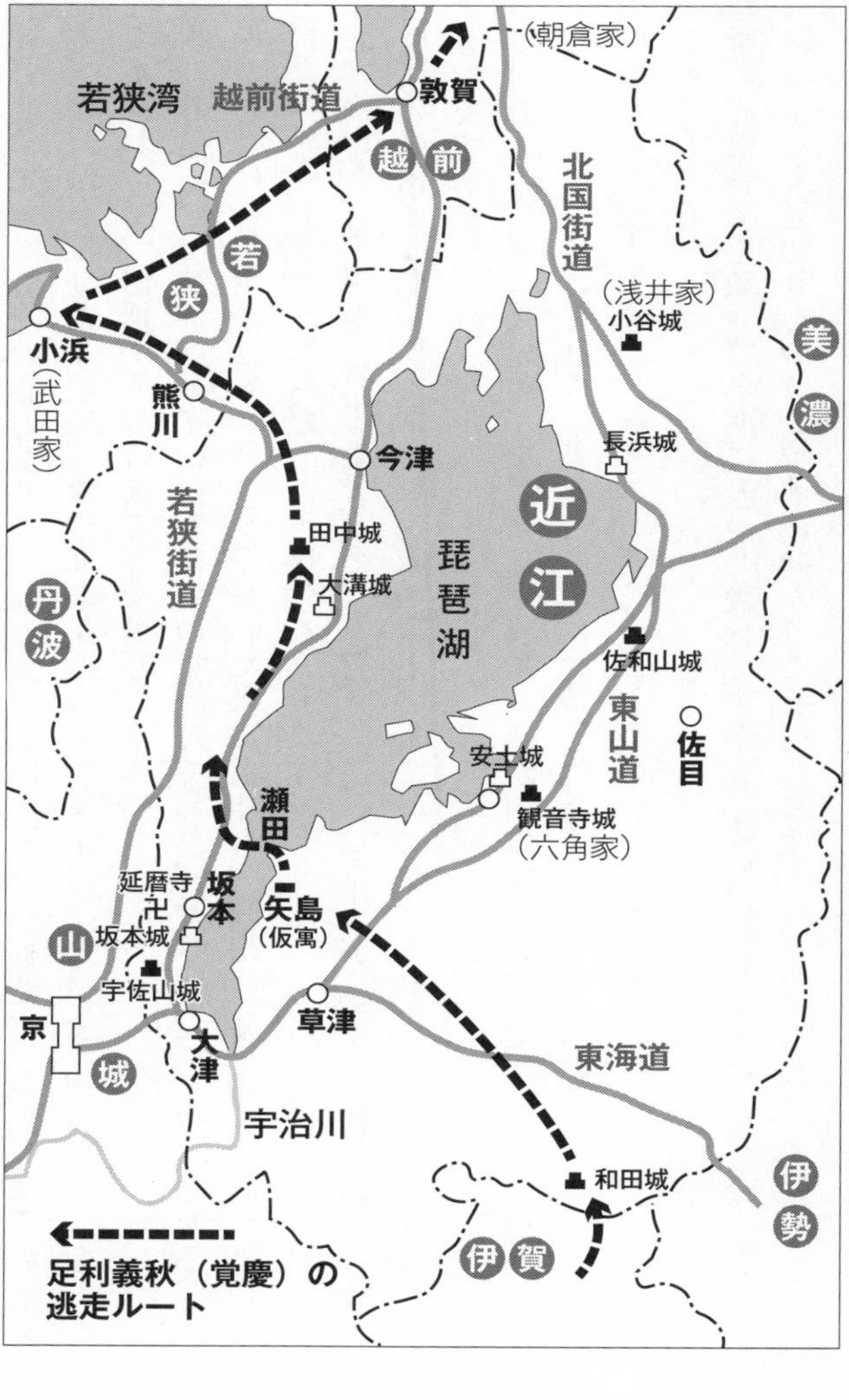

(朝倉家)
若狭湾
越前街道
敦賀
越
前
北国街道
若
狭
(浅井家)
小谷城
美
濃
小浜
(武田家)
熊川
今津
長浜城
近
江
若狭街道
田中城
大溝城
琵琶湖
丹
波
佐和山城
東山道
佐目
安土城
観音寺城
(六角家)
瀬田
延暦寺
坂本
矢島
(仮寓)
山
坂本城
宇佐山城
草津
京
大津
東海道
城
宇治川
和田城
伊
勢
伊
賀
足利義秋（覚慶）の逃走ルート

史料では、光秀に医術の心得があり、田中城で沼田清延に『針薬方』(針や薬での治療の仕方)の口伝を授けたといい、永禄九(1566)年十月二十日に米田貞能《こめださだよし》(求政《もとまさ》)が近江坂本において、清延から『針薬方』を筆写したのです。

医術『針薬方』は越前朝倉家に伝わるものを含んでおり、それを口伝で教えられる光秀も、伝授を受けた沼田清延も、それを筆写した米田貞能も、医術の心得のある武士ということになります。光秀が医者だった可能性もあります。

なお、沼田も、米田も、将軍家奉公衆の家柄で、のちに細川藤孝の家臣となっています。江戸時代の米田家は肥後熊本藩主細川家の家老の家で、ここでふれた史料は米田家に伝来したものです。

藤孝と清延の関係(義兄弟)を思えば、義秋一行が田中城に寄ったと考えてよいかもしれません。光秀は、このときに義秋と藤孝に知遇を得た可能性があります。

田中城から若狭小浜まで、義秋の一行を案内したのは、清延と思われます。光秀も同行したことでしょう。

妹婿の武田義統を頼って小浜に入った義秋ですが、若狭武田家の家中は安定しておらず、九月には早くも見切りをつけて越前に向かうことにします。

光秀は当時、越前に居所がありましたので、若狭小浜から越前までの一行の道案内役としては適任です。

越前の朝倉義景を頼り、一乗谷に居を定めた義秋は、光秀の働きを誉め、直臣の「御足軽衆」に登用しています。光秀と細川藤孝との関係も、このときに始まったことになります。ただし、藤孝は、光秀を「家来分」と思っていました。

2 信長と義昭の〝連立政権〟

信長と義昭の上洛

永禄十一（1568）年を迎えた信長は、二月に、北伊勢（三重県北部）に兵を進めて平定し、近江への出兵、上洛の準備をととのえています。

七月になると、越前にいる足利義昭（義秋改め）を岐阜の立政寺に迎え、九月に兵を近江に進めて、三好一党に付いて行く手をはばむ蒲生郡の観音寺城（近江八幡市安土町）主六角義賢《よしかた》・義治父子を追い散らし、義昭を岐阜より観音寺城に近い桑実寺《くわのみでら》に迎えて、ともども上洛をはたしています。

義昭は、十月に念願の十五代将軍となり、幕府の再興を成就します。感謝の意をこめて信長を〝御父　織田弾正忠殿〟と呼んでいます。

領地などの望みを信長に問うと、和泉（大阪府南部）の堺、近江の大津と草津の代官職を、との控えめな答えで、義昭が勧めた管領や副将軍などの官職については辞退し、わずかに二つの家紋——足利家の「二つ引両紋」と天皇家から足利家が拝領した「桐紋」のみを受け取り、十一月下旬に岐阜に帰って行きました。

義昭は、京都の東の出入り口にあたる粟田口《あわたぐち》まで信長を見送っています。

公方の「御足軽衆」明智光秀も、義昭に随《したが》って京に入り、仮御所となった下京六条の本国寺（法華宗寺院）の警備に当たっていたと思われます。

光秀は、十一月十五日に、信長の右筆《ゆうひつ》（書記官）明院良政《みょういんりょうせい》の主催する百韻《ひゃくいん》興行の連歌会に細川藤孝とともに参加しています。

藤孝が十句、光秀が六句を詠んでいます。主催者の良政の十句、連歌師里村紹巴《じょうは》の十二句、弟子昌叱《しょうしつ》の十一句には及びませんが、藤孝とともに、光秀の教養の程度を示す事例といえます。

翌永禄十二（1569）年正月四日、敵対勢力の阿波三好一党の襲撃を受けますが、本国寺警備の幕臣と信長家来、若狭衆が撃退しています。このとき、信長の伝記史料、太田牛一《ぎゅういち》著の『信長公記』に、はじめて「明智十兵衛」光秀が登場します。

六日に知らせを受けた信長は、大雪のなか岐阜を発ち、二日後の八日に十騎ほどの供を随えて京に着き、義昭の無事を知って安堵しています。

信長は、二月に義昭の御所の造営を命じます。工事責任者は光秀です。四月の竣工を待って、義昭が移り住みます。

〝御父〟信長は岐阜城を住まいとしており、京都に宿館の造営をしておりません。上洛の都度、寺院を宿舎としています（寺院にとっては貸切りになるので迷惑なことです）。

このような義昭と信長による〝連立政権〟の京都市政担当の京都代官は、幕臣の光秀・松田秀雄と信長家臣の木下秀吉・丹羽長秀・中川重政・島田秀満・塙《ばん》直政らが務めています。

右のなかで「木下秀吉」がいることを記憶しておいてください。この先、光秀のライバルとして、いろいろな場面に出てきますので……。

義昭と信長の思いに齟齬？

将軍義昭は、越前にいたときから、光秀を役に立つ男と思っていたのでしょう。それゆえ、細川藤孝の推薦を受けてのことですが、御足軽衆の光秀を京都代官に登用したのです。

義昭の御所造営の責任者を務め、その後、京都代官として市政を担当する光秀を見て、信長も次のように思ったことでしょう。

義昭との連絡役を務める藤孝に随行していたと思うが、教養（連歌）もあり、武士としての働き（御所の警備）もある使える男ではないだろうか、と。

光秀は、義昭と信長、二人の期待に応えるような働きをし、岐阜にいる信長と京都の義昭の取次役を務めるようになります。

永禄十三（1570）年正月のこと、信長は、朝山日乗《あさやまにちじょう》と光秀を宛て名とする、五か条の条書（「天下布武」印の朱印状）を二人に渡しています。僧侶の日乗は朝廷・公家と義昭のあいだを立ちまわる〝怪僧〟です。

条書の内容は、次に掲げるように、宛て名の二人に直接、関することではなく、将軍義昭の行動を律する信長からの異見書です（『成簣堂文庫 所蔵文書』）。文中の（）は著者による補いで、〔　〕は著者による語注。以下同じ）。

条々

一　（義昭様が）諸国（の大名など）へ（私信の）御内書でおっしゃりたいことがあるならば（まずは）信長におっしゃり、（信長の）書状を添えるようにすること。

一　（これまでの義昭様の）ご命令はすべて破棄いたします。その上で、よくお考えになって（どうするか）お決めになること。

一　公儀〔幕府〕に対して忠節を尽くす人々に恩賞やご褒美を与えたくても（適当な）領地がないときは、信長の領地の内から（義昭様の）ご判断次第に申し付けてもかまわないこと。

一　天下のことについては、どのようなことでも、信長に任せた上は（相手が）誰であっても（義昭様の）ご判断を得ることなく（信長の）分別により成敗をおこなうこと。

一　天下ご静謐〔合戦などがない状態〕であるときは、天皇家のことについて、つねに怠ることのないようにすること。

現在残っている条書の原本には、冒頭の「条々」の右に義昭の黒印が捺《お》してあるので、将軍義昭が了承したことがわかります。

義昭は、五年前の奈良脱出のときから、諸国の大名に御内書を届けていました。かくいう信長もその一人です。将軍の在り方について異見のある信長にしてみれば、自由に命令を下す義昭の御内書に危険性を見て取ったのでしょう。それゆえ、以後の御内書には信長の書状を添えてコントロールしようとしたのです。

室町時代の将軍と天皇の関係については、三代将軍義満以来、将軍が〝「王家」の執事〟といえるほど、良好だったとの研究成果があります。最後の箇条は、この点をふまえたものといえます。

信長にとっては当然の異見書といえるかもしれませんが、了解したとはいえ、義昭にとっては〝気分を害する〟ような条書だったことは疑いありません。

とすれば、あいだに入ったかたちの光秀の立場は、微妙になることが想定されます。

幕臣から両属、そして信長直臣へ

幕府の管轄は、畿内五か国の山城（京都府東部）・大和（奈良県）・摂津（大阪府北部と兵庫県東部）・河内（大阪府東部）・和泉と近国の近江・若狭・丹後（京都府北部）・丹波（京都府西部）となります。細川藤孝ら将軍家奉公衆や京都代官の光秀らの領地は、右の諸国に散在していました。

幕府の経済的な基盤が弱いため、市政同様に軍事についても、信長の協力を得なければなりません。

京都代官として能力を発揮する光秀は、信長の眼鏡にかない、軍事に動員されるようになります。これは幕臣の内では光秀ひとりであり、まるで信長の家臣になったかのようです。永禄十三（１５７０）年は、四月に「元亀《げんき》」と改められます。

元亀元（１５７０）年四月のこと、信長は、上洛の命に応じない越前一乗谷館主朝倉義景の討伐を実行に移し、みずからも出陣します。若狭から越前金ヶ崎（敦賀市）に入った信長軍のなかに光秀がいました。

ところが、信長の妹「於市《おいち》」を妻とする、義弟の近江小谷城主浅井長政が、信長の越前侵攻に反対したため、危険と判断し、金ヶ崎で進軍を止めています。

このとき、木下秀吉と光秀が名乗り出て殿《しんがり》を務めるなか、信長は小姓などわずかなお供のみで越前を離れ、若狭より近江の琵琶湖西岸を通って京都にもどってしまいます。

このときの有名な逸話があります。妹の於市より兄の信長に送られてきた小豆の入った袋の上下の口が結ばれているのを見た信長は「袋の鼠の意」と危機を察知したといいます。もとより、史実かどうかは明らかでありませんが。

信長にとって、越前攻めは執念といえるほど熱いものがあります。信長の「織田」家の先祖は越前の出身でした。越前北部の丹生《にゅう》郡織田庄《おたのしょう》（越前町織田）の庄官で、越前二ノ宮の劔《つるぎ》神社の神職だったとのこと。このことが関係あると著者は思っています。

浅井・朝倉連合軍との対立は、その後、六月の近江〝姉川の戦い〟（光秀は参戦していません）以来、烈《はげ》しさを増していきます。

九月には、連合軍が琵琶湖西岸に侵攻し、信長方の志賀郡宇佐山城（大津市）を烈しく攻めたため、城将の森可成《よしなり》が戦死してしまいます。

比叡山延暦寺が浅井・朝倉方に味方したこともあり、信長にとっては危機的状況といえますが、十二月に正親町《おおぎまち》天皇の仲裁（綸旨《りんじ》の発給）により停戦となります。

宇佐山城は京都の防衛にとって重要ということで、後任の城将に光秀が選ばれました。京都代官の務めの範囲を超えて、完全に〝織田軍の部将〟としての務めといえます。

翌元亀二（１５７１）年になると、幕府と信長との〝両属〟となった光秀にとって、予期していなかった事態が起こります。

九月のことで、信長は意に応じない延暦寺の焼き討ちを命じ、十二日に実行されます。宇佐山城将の光秀のほか、重臣の佐久間信盛・柴田勝家、そして光秀とともに京都代官を務めてきた木下秀吉・中川重政・丹羽長秀らも加わっています。

湖畔の近江坂本より攻め上り、全山が焼き討ちにあい、多数の死者が出たとされていますが、真相と被害の実態は必ずしも明らかでないようです。

光秀、異例の出世を遂げる

信長は、光秀の功労を多とし、宇佐山城のある志賀郡を与えて、坂本の地に築城を許します。

これまで、信長の家臣で一郡を与えられて城主となった者はおりません。しかも、光秀は幕臣であり、信長の家臣ではないのです。

このころの光秀の家臣団については明らかではありません。信長の肩入れにより、急速に家臣の数が増え、近江志賀郡を与えられたことで、家臣団の形成が促進されたことは間違いないと思います。

志賀郡の武士を中心に、かつて京都代官としての領地があった北山城の与力衆の武士が、家臣団の中核となったことが推測されます。

坂本築城は、翌元亀三（１５７２）年閏《うるう》正月以前に土木工事（普請）がはじまっていることがわかっています（『兼見卿記《かねみきょうき》』）。

年末の十二月になると「天主」（天守）の工事（作事）がおこなわれています（『兼見卿記』）。

近年の発掘調査などにより、湖畔を城内に取り入れた、石垣造りの〝湖城〟ともいえる姿が再現されています。

のちのことですが、天正元（１５７３）年の浅井家の滅亡により、浅井郡を与えられた羽柴（木下改め）秀吉が湖畔の長浜に築いた居城、信長が天正四（１５７６）年に居所として築いた〝天下人〟の安土城、そして信長の甥（弟の子）津田信澄《のぶずみ》が天正六（１５７８）年に居城とした高島郡大溝城との湖城ネットワークが形成されてゆきます。

信長は主君であり、秀吉は京都代官のとき以来、終生のライバルとなる同僚、そして津田信澄は、光秀の四女（ガラシャの妹）を妻とする、将来を期待された頼りになる縁戚です。

光秀にとって、坂本城から眺める琵琶湖の風景は美しいものだったことでしょう。近江生まれだとしたら、幼少より見慣れた風景ともいえますし、この〝湖国〟から天下にはばたく夢を託す新たな出発点になったことが想像されます。

義昭の策動――信長包囲網と将軍追放

信長は「永禄」を改元するとき「天正」を推したのですが「元亀」に決定してしまいました。胸騒ぎなど何か予感があったのでしょうか、元亀年間（1570〜73）は、信長にとって極めて多忙な、四面に敵を抱えた、苦しい時代となります。

でも、期待に応えた働きをする光秀の存在は、信長にとって一服の清涼剤のようなものだったのかもしれません。

光秀が信長の意に沿った働きをするのは、義昭には面白くなかったことでしょう。

義昭は、前述の永禄十三（1570）年の条書の第一条を守らず、私信の御内書の発給を続けています。熱心ともいえるほどで、どうやら目的があるようです。

私信の第一の相手は、信長が対戦している、つまり幕府の敵ともいえる越前の朝倉義景と北近江の浅井長政です。それに加えて、甲斐の武田信玄と越後の上杉謙信、摂津の大坂本願寺顕如と中国の毛利輝元らです。

何を考えているのか？　35ページの図表を見るとわかります。北の朝倉・浅井、東の武田と上杉、西の本願寺と毛利。これに大和の松永久秀を加えると〝信長包囲網〞が完成します。

ひとり悦に入っている義昭の姿が、思い浮かびます。

元亀三（1572）年九月、信長は、条書とはくらべものにならないほど激烈な調子で義昭を諫《いさ》める十七か条の異見書を出しています（『信長公記』に所載）。でも、義昭は、すでに聞き入れる耳を持っておりません。頭のなかは妙案の〝信長包囲網〞のことでいっぱいでした。

十月になると、武田信玄が動き出します。十二月に遠州三方ヶ原で浜松城主徳川家康を破り、三河に向かいます。二月に野田城（愛知県新城市）を落としますが、その後、野田にとどまり続け、軍を信濃に引きあげて、四月十二日に信州駒場で病死してしまいます。三方ヶ原での武田軍の勝利を知った義昭は、二月に二条御所で挙兵します。頼りとなるはずの朝倉は、旧冬、雪を前にして越前に引きあげてしまいましたので、信玄の勝ちに乗じた進軍に勇気づけられたものだったようです。

義昭は、信長に対抗できる軍事力を持っておりません。四月になると降伏して赦《ゆる》されま

図表２　信長包囲網

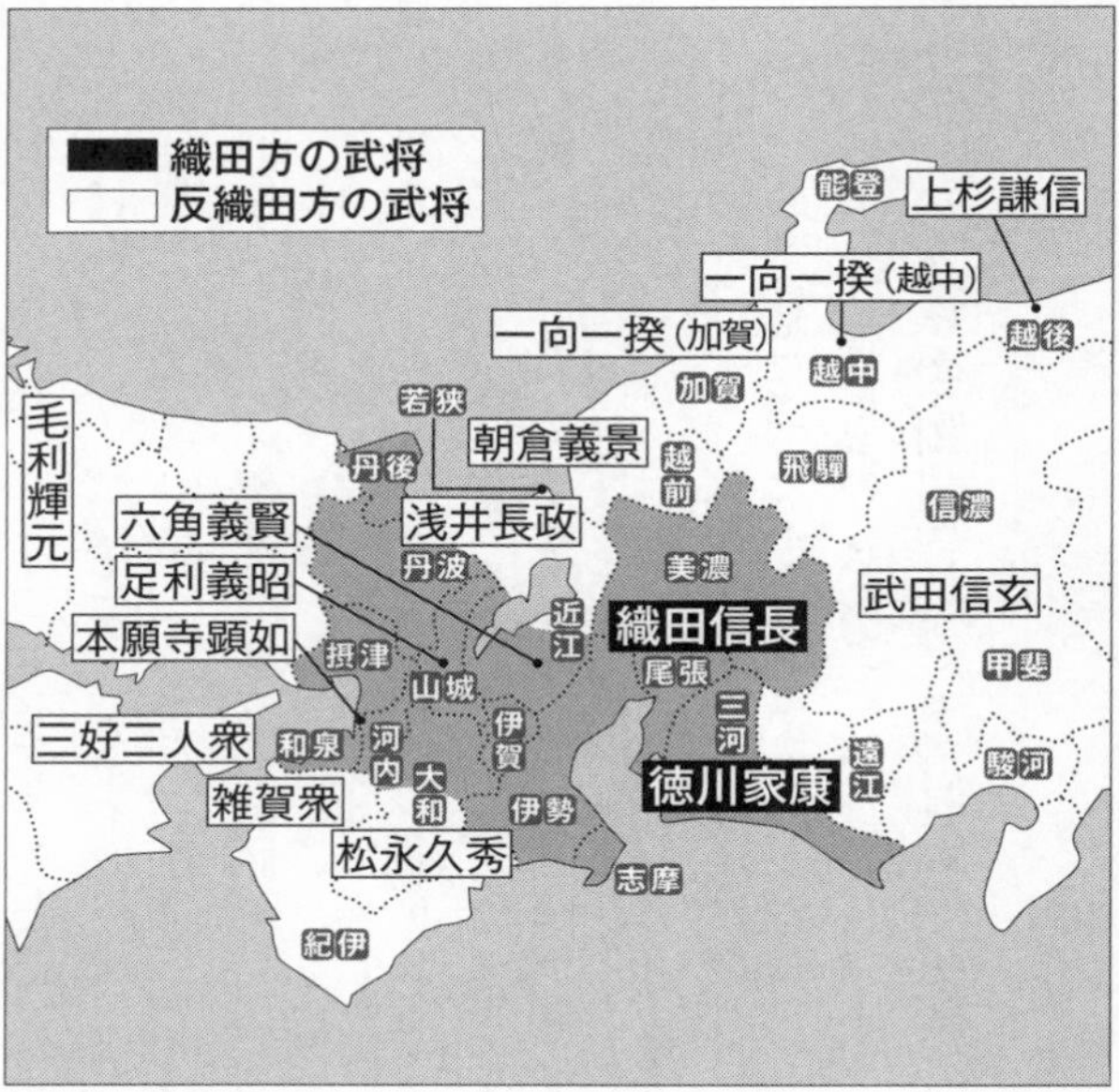

すが、それでも懲りなかったようです。

七月に再度挙兵します。京都南郊の宇治槇島《まきしま》城でのことです。大和の松永久秀と河内の三好義継《よしつぐ》が呼応して、謀反の兵を挙げたのですが、畿内近国では連動した軍事的動きがないまま、義昭は降参します。

今度は赦してもらえません。追放となり、河内若江城主の三好義継のもとに送り届けられてしまいます。

こうして元亀四（1573）年七月、義昭の幕府は崩壊しました。

振り返ってみると、永禄十一（1568）年に将軍となって幕府を再興した義昭にとっては、わずか五年に満たない、信長との〝連立政権〟でした。

幕府軍と戦った織田軍のなかに、光秀と細川藤孝がいました。二人にとっての〝敵〟は、かつての同僚たちです。槇島で〝主君〟義昭を見送った二人は、どのような感慨をいだいたのか、史料は語ってくれません。

藤孝の場合は、異母兄の三淵藤英《みつぶちふじひで》が二条御所に籠もって挙兵しました。降伏後、藤英父子は光秀に預けられますが、翌天正二（1574）年七月に坂本城で切腹しています。

光秀には、思い出のある近江高島郡の田中城が信長より与えられます。また、藤孝には山城の桂川西地が与えられ、長岡（京都府長岡市）の勝龍寺城主となりますが、同時に在地の「長岡」を名字にするように信長から命じられ、以後は「長岡藤孝」と名乗ることになります。藤孝にとっては不本意なことだったと思います。

藤孝の細川家は管領家の分家であり、信長には本家の細川昭元のほうを取り立てる思惑がありました（藤孝が「細川」にもどるのは、徳川家康の江戸時代になってからのことです）。

3 天正年間の〝蜜月〟時代

ライバル秀吉の出世

元亀四（1573）年七月、将軍義昭を追放した信長は朝廷に改元を求め、受理されて「元亀」は信長の希望どおり「天正」と改められます。

そして、積年の対立関係にあった、越前の朝倉義景と北近江の浅井長政を滅ぼします。越前は、信長方に寝返った朝倉旧臣の支配に任せ、北近江三郡は、長政の小谷城を見張る付城《つけじろ》の横山城に配され、番将として長いあいだ長政の動向を監視してきた秀吉に与えられました。秀吉はこのころ、名字を「木下」より「羽柴」に改めています。

秀吉は、小谷城を居城とするのではなく、琵琶湖畔に新たに築城することを思い立ちます。今浜に注目し、主君におもねるかのように、信長の一字をいただいて「今浜」を「長浜」と改めて、築城に取り掛かります。

光秀の居城、坂本城より、長浜は遠望できないように思いますが、坂本城を意識しての築城であることは間違いないでしょう。

秀吉は、信長の数ある重臣のなかで、新参の光秀を意識していたのです。名字を改めたのも、その表れといえます。

新しい名字「羽柴」は、信長の許しを得て、尾張以来の大先輩である丹羽長秀と柴田勝家にあやかったものでした。

秀吉の心を読めば、上洛以前よりの家来である私ではなく、新参者を登用するのは納得がいかない、といったところでしょう。

結局、このあと、ずっと光秀をライバル視することになります。のちの天正十（１５８２）年六月の〝山崎の戦い〟で、光秀を破るまで……。

秀吉の頑張りは、光秀をライバル視することによるものだったのです。

さて、残った敵のこと。〝信長包囲網〟に加担していた、宗教勢力の大坂本願寺（一向宗の総本山）の顕如光佐《こうさ》と、中国地方の十か国に覇をとなえる安芸広島城主毛利輝元とその一族（吉川《きっかわ》氏と小早川氏）の勢威は、大変に盛んでした。

なお、大和の松永久秀は降伏して赦されています。信長は、久秀を使える男と思っており、見捨てなかったのです（でも、天正五〈１５７７〉年の再度の謀反で自害します）。

大坂本願寺は畿内の摂津に所在しますが、勢力はそれだけではありません。越前の北の隣国、加賀（石川県の南部）は、百年にわたって一向一揆勢力の「百姓の持ちたる国」でした。

さらに、尾張と伊勢の国境には木曽川など大小の河川がありますが、その木曽川河口の伊勢長島にある本願寺派の願証寺も一向一揆の中心の一つです。信長との戦いは熾烈を極め、信長の弟が討たれるなど苦戦しています（翌天正二〈1574〉年九月に滅ぼします）。

信長に「惟任日向守」を与えられる

天正三（1575）年六月、光秀は、信長から丹波入りを命じられます。丹波に入った光秀は〝口丹波〟とよばれる、山城寄りの二郡、桑田郡の今宮（南丹市）の川勝継氏《つぐうじ》と船井郡の宍人《ししうど》（園部町）の小畠永明《こばたけながあきら》ら国衆を味方の「与力」として、平定を進めることになります。

翌七月になると、信長より、九州にちなむ「惟任《これとう》」の名字と「日向守《ひゅうがのかみ》」の通称（受領名・官途名）を与えられます。

改名は光秀だけではありません。同時に、丹羽長秀に「惟住《これずみ》」、塙直政に「原田」、簗田《やなだ》広正に「別喜（戸次）」と、同じように九州にちなむ名字、そして秀吉には九州にちなむ「筑前守」の通称が与えられています。

将来の九州出兵を見越してのこととする考えがありますが、信長の単なる思い付きの可能性も否定できません。

ところが、八月になると越前情勢が悪化したため、五月に三河で〝長篠の戦い〟を制して意気揚々の信長みずからの出陣があり、光秀も越前行きを命じられますので、丹波のことは国衆に任せることになります。

このとき、山城と丹波の国境にある愛宕山に登り、宿坊の威徳院に戦勝祈願をしてもらいます。以後、これが出陣の際の恒例となります。

信長の指揮のもと、越前の一向一揆勢を徹底的に討ち平らげますが、加賀の一揆とは和睦します。

九月下旬に、信長は岐阜にもどり、光秀は坂本城経由で丹波にもどります。光秀の丹波での拠点は、桑田郡の余部《あまるべ》（亀岡市）です（43ページ参照）。

この間の九月初旬に、室町幕府の管領を務めてきた細川本家の当主の昭元に、かつての守護国だった丹波の桑田・船井の二郡が与えられています。

これは、幕府滅亡後の信長の新方針で、畿内近国の支配を旧守護家に任せるかたちにしたのです。細川家の威望を利用して、丹波の反抗的な国衆を平定しようと思ったことを示しています。

光秀の当面の任務は、ほかの四郡、多紀郡と〝奥郡〟と呼ばれる何鹿《いかるが》郡・天田郡・氷上《ひかみ》郡を平定することです。

山に囲まれた盆地が散在する丹波には、盆地ごとに国衆が割拠し、山城が配されていますので、将軍家奉公衆という歴史を持つ国衆は手ごわい相手といえます。その代表が、氷上郡の赤井忠家と多紀郡の波多野秀治です。

亀山築城と丹波平定

領主になったとはいえ、細川昭元が丹波二郡に在国した証跡はありません。京都か、あるいは安土にいたのかもしれません。

昭元に対する信長の期待は大きく、天正五（1577）年に妹「お犬」を妻とし、信長の一字を与えられて「信元」（のちに「信良」）と改名しています（もともと、昭元の「昭」は義昭から与えられたものでした）。

それを受けて光秀は、信長の許可を得て、余部に近い亀山（亀岡市）に城地を選定して新城を築きます。天正五（1577）年に比定できる正月晦日《みそか》付けの光秀の手紙に「亀山惣堀普請申し付け候」と見えるので、前年の天正四（1576）年には出来あがったことが推測されます。

光秀は、細川信元に代わり、亀山城を丹波平定の新たな拠点とし、奥丹波の平定を進めることになります。再度の平定戦は、天正五（1577）年に始まりました。でも、畿内近国の情勢によって、ときに大和や摂津、播磨（兵庫県東部）などに出陣することがありましたので、実際には天正六（1578）年十二月より、丹波国衆波多野秀治が籠もる八上《やかみ》城攻めを開始することになります。

翌天正七（1579）年正月に、もっとも頼りにしてきた明智（小畠）越前守永明が、付城の「ロウ山」を敵に攻められたときに戦死してしまいます。二月六日付けの光秀の手紙案文（下書き）に「越前討死、忠節比類無く候」とあります。

光秀が、小畠永明に、いつの時点で「明智越前守」を与えたのか明らかではありませんが、天正三（1575）年以来の「忠節」に応えてのことであるのは間違いありません。その案文の宛て名には、跡取りの幼少の子も「明智伊勢千代丸」と見えます。

図表３　丹波の国要図

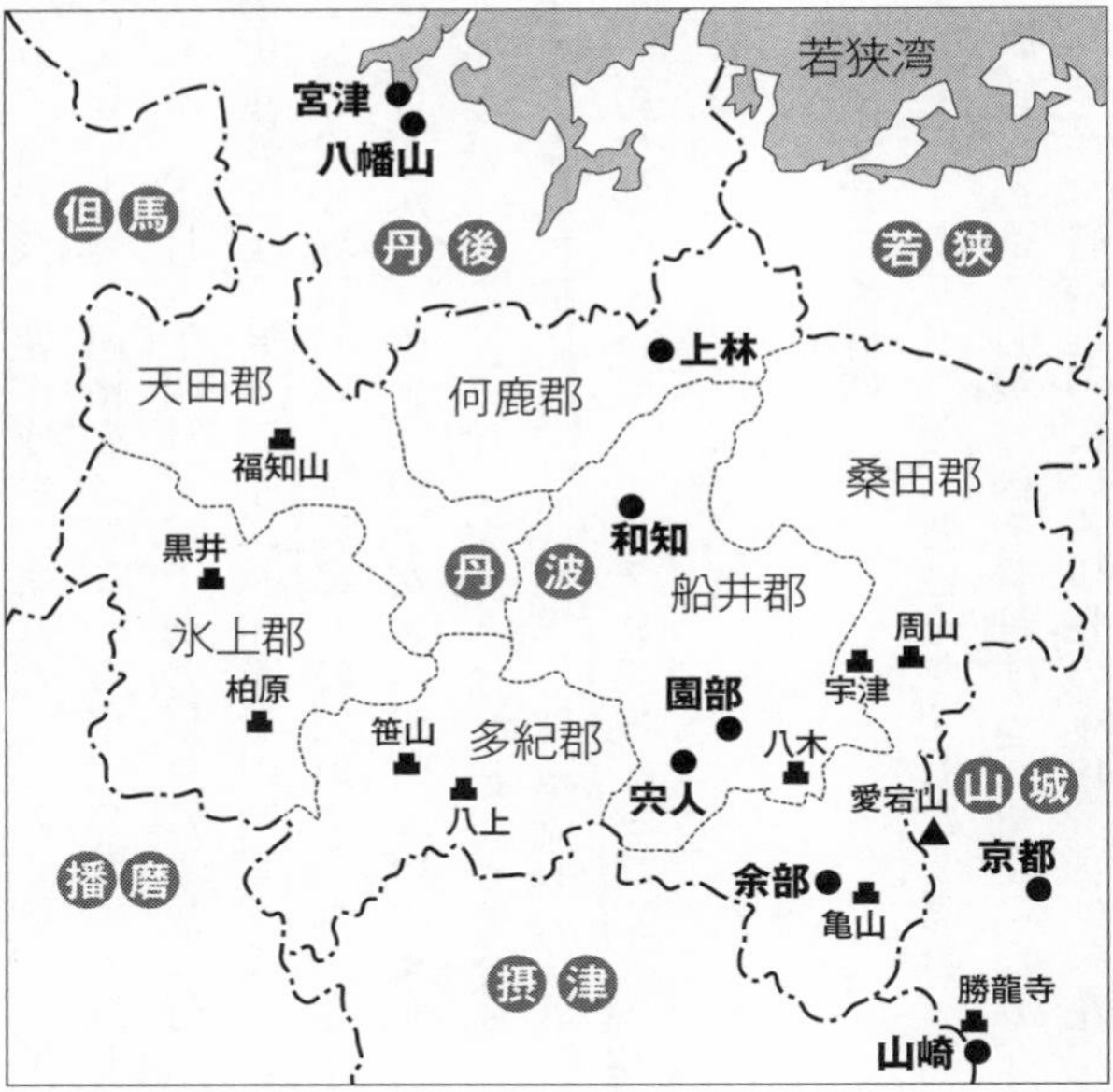

波多野秀治の籠もる八上《やかみ》城は、天正七年の六月に陥落します。城主兄弟三人は、光秀の調略によって捕らえられますが、信長の命により、安土城下で磔《はりつけ》となります。

多紀郡を平定した光秀は、七月に桑田郡北部の宇津城、八月に天田郡の横山城（光秀による改築後は福知山城）を落とし、残った氷上郡に向かいます。

同じ八月に、荻野直正（天正六年病死）の嫡男、直義（九歳）と叔父の赤井忠家の籠もる黒井城（丹波市）を攻め、直義は降参しています。

これで、丹波平定が成就しました。このころ、山城勝龍寺城主長岡（細川）藤孝は、丹後に入り、光秀と連絡をとりながら平定を進め、丹波と同じころに平定が成ります。

光秀は、十月二十四日、安土城の信長に丹後・丹波の平定を報告しています。

翌天正八（1580）年二月、家老の明智秀満を天田郡の福知山城に置き、斎藤利三を氷上郡の黒井城に置いて〝奥郡〟の天田郡と氷上郡の支配を固めています。

余談ですが、斎藤利三の三女を「福」といいます。江戸時代になって将軍徳川家康の眼鏡にかない、孫の竹千代（家光）の乳母になります。「春日局」で知られていますが、この地の「春日」（黒井城の下館《しもだて》〈いまの興禅寺の地〉）が生誕地とされています。「福」の生年は天正七（1579）年とされているので、利三とその家族は同年に黒井城の地に入ったことがわかります。

畿内軍司令官に大昇格

天正七（1579）年、丹波を平定した光秀は、居城（坂本城）のある近江志賀郡を領し、亀山城のある丹波一国を管理する、重臣になります（翌年、丹波を与えられます）。

このころ、畿内近国にいる信長の軍司令官は、左の四名です。

東山道司令官　織田信忠　美濃岐阜城主
畿内軍司令官　佐久間信盛　三河刈谷城主……摂津で大坂本願寺を攻囲中
北陸道司令官　柴田勝家　越前北庄城主……越後上杉景勝と対戦中
山陽道司令官　羽柴秀吉　近江長浜城主……播磨で別所長治を攻囲中

ほかに、東海道司令官の役割をはたす同盟軍の遠江浜松城主徳川家康がいます。

天正八（１５８０）年になると、状況が大きく変わります。

正月、播磨では、秀吉が、二年におよぶ兵糧攻めの結果、三木城（兵庫県三木市）を落とし、城主を自害させています。

次いで、山陰道の但馬（兵庫県北部）に軍を進め、山名祐豊《すけとよ》の有子山《ありこやま》城（豊岡市出石町）を落とし、弟の羽柴秀長を城主とします。さらに因幡（鳥取県東部）に転じ、毛利方の拠点の鳥取城（鳥取市）に迫ります。

秀吉は、山陽道と山陰道に軍を展開し、中国十か国を支配する毛利輝元と対峙する、中国方面軍司令官となります。

また、摂津では、閏三月に大坂本願寺と和睦し、翌四月に法主の顕如が大坂を去り、和泉貝塚経由で紀州（和歌山県）雑賀《さいか》に移ります。

八月になると、本願寺攻囲の軍司令官佐久間信盛が、信長より十九か条の折檻状を突き付けられ、子の信栄《のぶひで》とともに信長のもとを去って、紀州高野山に向かいます。

信盛父子の罪状は次のとおりです（「覚」『信長公記』より）。

一　父子、五か年（大坂攻囲の付城に）在城の内、善悪の働きがないのは、世間の不審(を招くのも)やむをえない。私も思いあたり、言葉にも述べがたいことである。

一　この心持ちを推量すると、大坂(本願寺を)大敵と存じ、戦闘の練達に励まず、策略・工作の道にも立ち入らず、ただ居城の砦を丈夫に拵《こしら》え、幾年も過ごせば、彼ら相手は僧侶のことだから、いずれは信長の威光によって退散するだろうと考え、遠慮したのだろうか。(下略)

このあと、部下の働きについて思うところを述べています。

一　丹波国での日向守（光秀の）働き、天下の面目をほどこすほどのもの。次に、羽柴藤吉郎（筑前守秀吉の働きは）数か国（において）比類のないもの。（下略）

一　柴田修理亮（勝家）はおのおのの働きを聞き及び、一国を領知していながら、天下のとりざたに困惑し、この春、加賀に至り、平定したこと。

次いで「信長の代になり、三十年も奉公しているのに、佐久間右衛門（信盛）比類なき働きと評価するようなことは、一度もなかった」「この上は、どこかの敵を討ち、帰参するか、または討死するしかない」「父子は頭を剃り、高野山に隠れ住み、絶えず赦免を願うべきではないか」と辛辣なことばを綴っています。

佐久間父子にとっては、突然のことで言い訳もできず、去るしかなかったように思いますが、光秀や秀吉、柴田にとっては、大変に名誉なことだったでしょう。とくに冒頭で評価をもらった光秀が、信盛のあとを継ぐように、畿内の軍司令官に昇格します。

これにより、丹後に領地を与えられた長岡（細川）藤孝をはじめ、大和・南山城を支配した原田直政の戦死（天正四年）のあと大和守護となった興福寺衆徒の筒井順慶など、畿内近国に在国する部将が、光秀の「与力」大名となります。

光秀の家族

天正八（1580）年閏三月に信長が本願寺顕如と和睦したことにより、家中の混乱はあったものの、概して畿内近国は「静謐《せいひつ》」（合戦のない状態）となりました。

光秀は、天正九（1581）年四月、丹後の長岡（細川）藤孝・忠興父子の招きで、連歌師の里村紹巴、堺商人で茶人の天王寺屋津田宗及・山上宗二・平野屋道是《どうぜ》とともに丹後の天橋立（宮津市）に遊んでいます（谷口研語『明智光秀　浪人出身の外様大名の実像』洋泉社、2018年）。

宗及の茶湯日記「他会記」によると、宗及らは四月九日に亀山を発ち、福知山に泊まっています。福知山では、十日の朝に光秀の家老「明智弥平次殿」（秀満）より饗応（振舞）があり、もう一泊しています。

翌十一日朝に福知山を発ちますが、ここから光秀が同道しています。その後、愛宕山の下ノ坊「福寿院」の饗応があり、一行は、無事に宮津に到着します。

十二日朝に「与一郎」忠興の饗応があり、光秀父子三人、藤孝父子三人と紹巴、宗及、宗二、道是が席についています。巳《み》の刻（午前10時ごろ）に飾り船に乗り「久世戸《くせのと》」を見物し、天橋立の「文殊」（智恩寺文殊堂）にて饗応がありました。

この日、夕立があり、藤孝が「夕立のけふははやき切戸哉」と詠んだことがきっかけとなって、紹巴と光秀・藤孝、三人の連歌会となります。

この天橋立の周遊で注目されるのは「光秀父子三人」とあることで、息子二人とともに参加していたことがわかります。

ここで光秀の家族のことにふれましょう。

光秀には、天正四（１５７６）年十一月七日に病死した、妻の妻木氏（熙子《ひろこ》）とのあいだに女子と男子がありました（ちなみに、光秀もこの年の前半に長患いして戦線を離脱しています）。

女子は、天正八（１５８０）年のころまでに、みな嫁いでおり、坂本城にはいなかったようです。

丹後宮津には、長岡（細川）忠興に嫁いだ、三女の「たま」がいます。先の史料には見えませんが、光秀父子は「たま」と久し振りに会ったことでしょう。二年前の天正六（１５７８）年に十六歳（忠興と同年）で結婚しましたので、十九歳になっています。

このときまでに「たま」には、長女と長男（忠隆）の二人が生まれておりますので、孫に目を細める光秀の好々爺《こうこうや》ぶりが想像されます。

おそらく、武人らしからぬ相好をくずした「じーじ」ぶりだったことでしょう。光秀の息子二人にとっては、姪と甥になります。

実は、光秀の年齢は明らかではありません。史料によると諸説あるようですが、著者は「子《ね》年生まれ」説が適当ではないかと思っております。信長は午《うま》年の生まれですから、この年、四十八歳になっています。六歳上とすると、光秀は五十四歳となります。

では、光秀の息子二人は何という名前で、何歳だったのか？

これまでに催された連歌会の参加者のなかに、光秀の子と推測される二人の名前が見えます。

天正二（１５７４）年閏十一月に近江坂本でおこなわれた百韻興行に「自然丸」の名があり、その後の天正六（１５７８）年三月、天正八（１５８０）年正月、天正十（１５８２）年正月の百韻興行（いずれも場所不明）に「光慶」の名が見えます（谷口研語『明智光秀浪人出身の外様大名の実像』）。

自然丸は、津田宗及の茶湯日記「他会記」の天正九（１５８１）年正月の坂本城「浜の方の御座敷」での茶会後に「日然殿」（自然殿）と出てきますので、同年四月の光秀の息子二人は自然（丸）と光慶と推測されます。

光秀の息子二人は、この年二月に京都で開催された信長主催の軍事パレードを担当して大和・上山城衆を率いて参加した光秀に供奉《ぐぶ》していないことを考慮すると、まだ若年と思われますが、ともに年齢は未詳です。

ほかの女子にもふれておきましょう（長幼の順については諸説あります）。

長女は、摂津守護の荒木村重の子、新五郎村次に嫁いでいましたが、天正六（1578）年に村重が謀反を起こして毛利方に付いたとき、説得にあたった光秀のもとにもどされています。その後、光秀の家老明智秀満（弥平次）に再嫁《さいか》しており、福知山で会ったと思われます。

二女は、光秀の甥とされる重臣で、丹波平定後、多紀郡の八上城の城将となった、明智光忠（次右衛門）に嫁《か》したとされているので、八上城にいたと思われます。

そして、三女が「たま」で、妹の四女は、天正六（1578）年に近江高島郡の大溝城主となった津田信澄（信長の甥）に嫁いでいますので、このときは琵琶湖西岸の大溝城にいたことになります。

4 武田攻めと中国出陣

突然湧いて出た武田攻め

本能寺の変が起こる天正十（１５８２）年を迎えます。

正月元日、光秀は（夜明け前に坂本より船で）安土に向かい、堺の代官松井友閑《ゆうかん》（民部卿法印）とともに、一番に信長に新年を賀しています。

正月は坂本城でのんびりと過ごしたようで、九日には百韻連歌の興行がありました（主催者、場所は未詳）。連歌師の紹巴・昌叱のほか、長岡（細川）藤孝、津田宗及、家老の斎藤利三、そして息子の光慶が同座しています。

光秀の正月十三日付けの手紙に「来る初秋〔七月〕西国御陣たるべき旨（信長が）仰せ出ださる」とありますので、この年の信長は、みずから西国へ出陣する予定だったことがわかります。

播磨姫路城（姫路市）で越年した羽柴秀吉は、信長の命を受け、三月に備前・備中（ともに岡山県）に軍を進めています。

ところが、その前の二月に、甲斐の武田勝頼が親族衆木曽義昌を攻めるという動きがあり、義昌から軍事救援の要請が美濃岐阜城の織田信忠のもとに寄せられたことから、信長の命を受けた信忠が東山道司令官として出陣することになります。

次いで、信長自身の出馬も決まり、二月九日に軍令「条々　御書出」が触れられ、畿内近国の部将に次のような「御供」の指示が出されます（『信長公記』）。

一　摂津国、父（池田）勝三郎（恒興）は留守居、子ども二人は、父の（軍役の）人数を率いて出陣すること。
一　中川瀬兵衛（清秀、摂津茨木城主）出陣すること。
一　多田（塩川長満、摂津一蔵城主）出陣すること。
一　上山城衆〔山城南部の国衆〕出陣の用意、油断のないようにおこなうこと。
一　長岡兵部大輔（藤孝）については、与一郎（忠興）と一色五郎〔丹後の守護家〕が出陣し、父（藤孝）は彼の国〔丹後〕の警固にあたること。
一　惟任日向守（光秀）は出陣の用意をすること。

「御書出」には「一　三好山城守（康長）は四国へ出陣すること」と「一　藤吉郎（羽柴秀吉）は一円中国に宛て置くこと」も書かれています。どうやら「中国御陣」とともに四国への出陣が予定されていることがわかります。

信長は、三月五日に安土を出陣しました。光秀は、坂本からの出立で、信長の行軍に随行します。

当日、安土で見物した人の話を聞いた吉田神社の神主（公家）吉田兼和《かねかず》（兼見《かねみ》）は「今朝、信長は佐和山（滋賀県彦根市）にむかって進発したが、路次中、出陣の人数は安土までつづいており、日向守（光秀）の軍勢は、ことさら多く、綺麗だった」と記しています（『兼見卿記』）。

光秀が勇躍して信長に随行したことがわかります。今回は東山道軍司令官の信忠に任せているため、信長一行は合戦しない予定なので、そのこととも関係があるのかもしれません。

武田勝頼・信勝父子は、拠点の新府城（山梨県韮崎市）に籠城することなく、城を捨てて東に向かいますが、重臣小山田氏（郡内領主）の裏切りにあい、田野という山奥で、三月十一日に最期を迎えています。戦国大名武田家の滅亡です。

東海道中での光秀の興味深い行動

甲斐に入った信長は、四月十日に府中（甲府）を発ち、富士山の眺望を楽しみながら駿河に出て、遠江浜松城主徳川家康の饗応を受けながら、十六日浜松、十九日尾張清須、二十日美濃岐阜を経て、二十一日に安土に凱旋しています。

光秀は、筒井順慶とともに、信長に随っており、同じ二十一日に、坂本に帰着したものと思われます（順慶も、二十一日に奈良着）。

光秀のこと、信長に随って東海道を上ったときの話が、第二章で紹介する『乙夜之書物』の下巻（寛文十一年〈1671〉成立）に収載されており、新発見の逸話として紹介いたしましょう。

一　信長公は、甲州武田（勝頼）をほろぼし、東海道筋御帰陣の時、道中は貴賤を問わず見物人がたくさんいました。惟任日向守光秀は、うしろむきに馬にのったかっこうで押さえの役を務めています。その理由を尋ねたら、光秀の答えは、武田家滅亡の上は、天下は戦わずして一両年の内に治まることは間違いない。それゆえに（信長公の）御陣も、是が見納めとなることだろう。（信長公の）御陣がなければ、私のような小身者は、だれもが知っているような身にはなれない。（だから）せめて甲州より御帰陣の節に、うしろ向きに馬にのったのは、何者だろうか、あれこそ惟任日向守光秀という侍よ、と人に知られたいと思ったからだ、と申されたということだ。

17世紀後半に成立した『乙夜之書物』は、加賀藩士関屋政春が、加賀藩士のご隠居たちや、加賀藩士ゆかりの古老たちから聞き書きを集め、収録した編纂史料ですが、語り主や話の経緯がわかるものと、この話のように誰が語ったものなのかわからない逸話があります。

それにしても、話は光秀の楽天的な性格を語っており、驚きの内容といえます。天正十（1582）年四月のことですから、本能寺の変の四十日ほど前になります。

信長と光秀のあいだには、本能寺の変の原因となるような対立関係はなく、この先にはまだ、中国や四国の平定、さらに九州・東北のこともあるのに、天下統一が間近であるような、光秀の話しぶりに疑問を感じてしまいます。

興味深い逸話ということで、紹介させていただきました。

家康饗応と中国出陣

信長が安土に帰還したのち、浜松城主徳川家康から五月十五日に安土を訪れるとの連絡があり、光秀が饗応役に任じられます。

家康は、武田攻めの駿河口を担当し、貢献したということで、信長より武田の旧領の内、駿河一国を与えられました。これまでの三河・遠江とあわせて三か国を支配することになった、そのお礼をかねての訪問です。

光秀は、安土城下の寺院と思われる「大宝坊」（『信長公記』）に宿泊した家康一行を、十五日から十七日までの三日間、饗応しました。家康の滞在は十九日までなので、あと二日のこっていることになりますが、信長の命により光秀は中国に出陣することになったのです。

出陣は、光秀だけではありません。光秀の「与力」大名（信長の命により、合戦のときに光秀の配下となる信長直臣の大名）である丹後の長岡（細川）藤孝、摂津の池田恒興・中川清秀・高山重友（右近）ら、そして大和の守護筒井順慶も出陣することになります。

いずれも、信長の先鋒を務めます。

饗応役をとかれた光秀は、ただちに坂本に帰り、出陣の準備、手配をおこなうことになります。丹波各地に配した重臣たちに、兵を率いて亀山城に集まるよう、使者を遣わして伝えなければなりません。

さらに、出陣に先立って、愛宕山でおこなってきた恒例の戦勝祈願を宿坊の威徳院に依頼し、これは恒例ではありませんが、翌日に愛宕山で百韻興行の連歌会を催すことを連歌師の里村紹巴と弟子の昌叱などに連絡し、いずれも了承の返事を得たと思われます。

二十六日、息子の光慶を連れて坂本城を発ち、京都の北方を通り、丹波亀山に向かいます。光慶は前述のとおり、百韻連歌に参加しているので、今回も同道したのです。

翌二十七日、光秀は光慶とともに愛宕山に登り、戦勝祈願をしてもらい、威徳院に宿泊します。

翌二十八日、西ノ坊に移って百韻連歌を興行します。出座は、西ノ坊の行祐《ぎょうゆう》、京都より登って来た紹巴と昌叱など、光秀と光慶を入れて、計九人となります。

主催の光秀が十五句、行祐が十一句、紹巴が十八句、昌叱が十六句、光慶はこれまでと同じように一句（百句目）のみ。

光秀の発句と続く二句は（桑田忠親校注『改訂　信長公記』新人物往来社）、

ときは今あめが下知る五月哉　光秀
水上まさる庭のまつ山　行祐
花落つる流れの末を関とめて　紹巴

そして、最後の一句が（「賦何人連歌」島津忠夫校注『連歌集』新潮日本古典集成）、

国々は猶のどかなるころ　光慶

冒頭の三句については諸本によって違いがあり、太田牛一自筆の岡山大学池田家文庫『信長記』巻第十五には、次のようにあります。

発句　維《ママ》任日向守光秀
ときは今あめか下なる五月哉

水上まさる庭のなつ山　　　　　脇、西の坊
花落る池のなかれをせきとめて　　第三、紹巴

違いは、光秀の発句が「あめが下知る」と「あめか下なる」、西ノ坊行祐の脇句が「庭のまつ山」と「庭のなつ山」、第三句の紹巴が「流れの末を」と「池のなかれを」。

二十八日のことで著者が関心を寄せるのは、里村紹巴と弟子の昌叱などが京都からやってきたのはいつか（前日の二十七日か、当日の二十八日か）ということです。

二十八日なら、紹巴が光秀に、ある情報を伝えた可能性があります。

それは、信長が二十九日に上洛する、という情報です。

情報源としては、紹巴のかかわる朝廷の東宮（皇太子）誠仁《さねひと》親王か、あるいは前関白の近衛前久《さきひさ》が考えられます。安土の小姓衆より二十八日に朝廷に連絡があったか、二条衣棚《ころものたな》の妙覚寺（法華宗寺院）に宿泊している織田信忠（信長嫡男）より得た情報か……。

紹巴より、二十九日に信長の上洛があることを聞いたとしたら、光秀は「明日、明日……」とつぶやきながら、光慶とともに下山して亀山城にもどったことでしょう。

信長の突然の上洛

五月二十九日のこと——。

二十一日より京都の呉服商茶屋四郎次郎宅に滞在していた徳川家康は、この日京都を離れ、大坂に向かっています。家康の案内人として一緒に上洛した信忠は、父の上洛を知り、家康と行動をともにせず、京都にのこり、父を迎えることにしました。宿泊は、二条衣棚の妙覚寺です。

信長は、安土城の留守居などを定めてから、小姓衆二、三十人を召連れて上洛し、四条坊門の〝宿所〟本能寺（法華宗寺院）に泊まる予定です。

迎えは無用とのことで、恒例の公家衆の山科への迎えはありませんでした。「ただちに中国へ御発向なされるので、御陣の用意ができたら、御決定次第、京都を離れる」とのお触れがあったのです。

今回の発向には、武田攻めのときのような「御供」はないとのことです（のちに、出発は六月四日で、向かうのは淡路島、と触れがあります）。

五月は旧暦の「小の月」にあたりますので、二十九日の翌日は、六月一日となります。

その六月一日のこと——。

本能寺には、朝廷の親王や公家衆はもとより、官人の地下衆《じげ》や「僧中」なども訪れ、大混雑しました。

「僧中」とは、僧侶だけでなく、頭を剃った茶人や囲碁の棋士などもさしています。

安土からは茶の名物が運び込まれており、茶会が開催されました。

遠く九州の筑前（福岡県）博多からも、京都・安土を訪れた茶人で商人の島井宗室と神《かみ》屋宗湛《やそうたん》が本能寺に寄って出席しています。

信長が寝る前には、本能寺の利玄と寂光寺（法華宗寺院）の日海《にっかい》（本因坊算砂《さんさ》）の囲碁の対局がありました。

他方、丹波亀山城の光秀は、丹波各地から将兵が参集するのを朝から見守っていました。

第二章

謀反の真相

——新発見『乙夜之書物』が明らかにした定説を覆す事実

1　本能寺襲撃

軍議の席上で明かした「謀反」

本章では、令和三（２０２１）年一月に報道されて話題となった史料『乙夜之書物』に収載されている〝斎藤利宗遺談〟など、明智光秀旧臣の晩年の談話により、天正十（１５８２）年六月一日にはじまる光秀「謀反」の真相をお読みいただきます。

なお、遺談の主、斎藤利宗と進士《しんじ》作左衛門《さくざえもん》について、および『乙夜之書物』を編纂した加賀藩士の兵学者関屋政春については、次の第三章で詳しく紹介いたします。

さて、利宗は、天正十（１５８２）年の「春」（旧暦の春は一月〜三月）の話から語り始めています。

一　天正十年の春より、中国の毛利家を退治するため、羽柴筑前守秀吉が備中の国に発向して、同国高松の城を囲んでいます。（毛利方の城を囲んだ秀吉軍を）背後より取り囲むため、毛利右馬頭《うまのかみ》輝元の五万余騎が（安芸より）出張してきて、秀吉と対陣しています。これにより、加勢として惟任〔明智〕日向守光秀が中国に下向するように、と命じた信長公も、やがて出陣する予定です。また、四国（の長宗我部宮内少輔元親）退治のため、三七信孝〔信長三男〕を大将として、織田〔津田〕七兵衛信澄、長岡〔細川〕越中守〔当時、与一郎〕忠興、筒井順慶、丹羽〔惟住〕五郎左衛門（長秀）、堀久太郎秀政、池田勝入（恒興）以下が、それぞれに、まずは（摂津）大坂まで下向する予定です。ところが、（このとき）日向守光秀が謀反を企て、「六月一日に居城丹波の国亀山を出立して中国に発向する」と（将兵に）披露して、人数を亀山に集めます。（家老の）斎藤内蔵助（利三）は同国笹山の城におり（六月）一日の昼時分に亀山に到着しました。

信長は、正月に「初秋（七月）」の中国出陣を公表していましたが、武田攻めののち、四月になり、それを早めると改めています。東国の武田家を滅ぼした余勢で、一気に中国の毛利家を討つことにしたのです。

「四国退治」のメンバーに、副将の津田信澄・惟住長秀のほか、光秀「与力」の長岡〔細川）藤孝の子忠興・筒井順慶・池田恒興が含まれているのは、これまでの史料に見えない、新しい情報であり、今後の課題といえます。

また、五月下旬に備中在陣の秀吉のもとに監軍としていち早く下っている堀秀政が含まれているのは、それ以前の情報であることを示しています。利宗が、父利三から得た情報なのでしょう。

さて、光秀は突然に「謀反」を思い立ち、中国出陣を理由として領国丹波の将兵を亀山城に集めた、とあります。

第一章でふれたとおり、光秀が「謀反」を思い立ったのは、二日前の五月二十八日以降のことと推測できます。それゆえ、軍勢の動員の目的は、信長の命令を受けて先鋒として中国に出立するため、でした。

父と行動を共にしていた斎藤利宗は、このあいだの事情を知りませんので、遺談のように、信長の命を受けたときから「謀反を企て」と理解したのでしょう。

利宗の遺談で気になることがあります。それは、利宗の父、斎藤内蔵助利三が「笹山の城におり」との記述です。

通説では、利三は、氷上郡の黒井城（京都府丹波市）に居住しています。それゆえ、利

図表４　『乙夜之書物』上巻 斎藤利宗遺談第一条

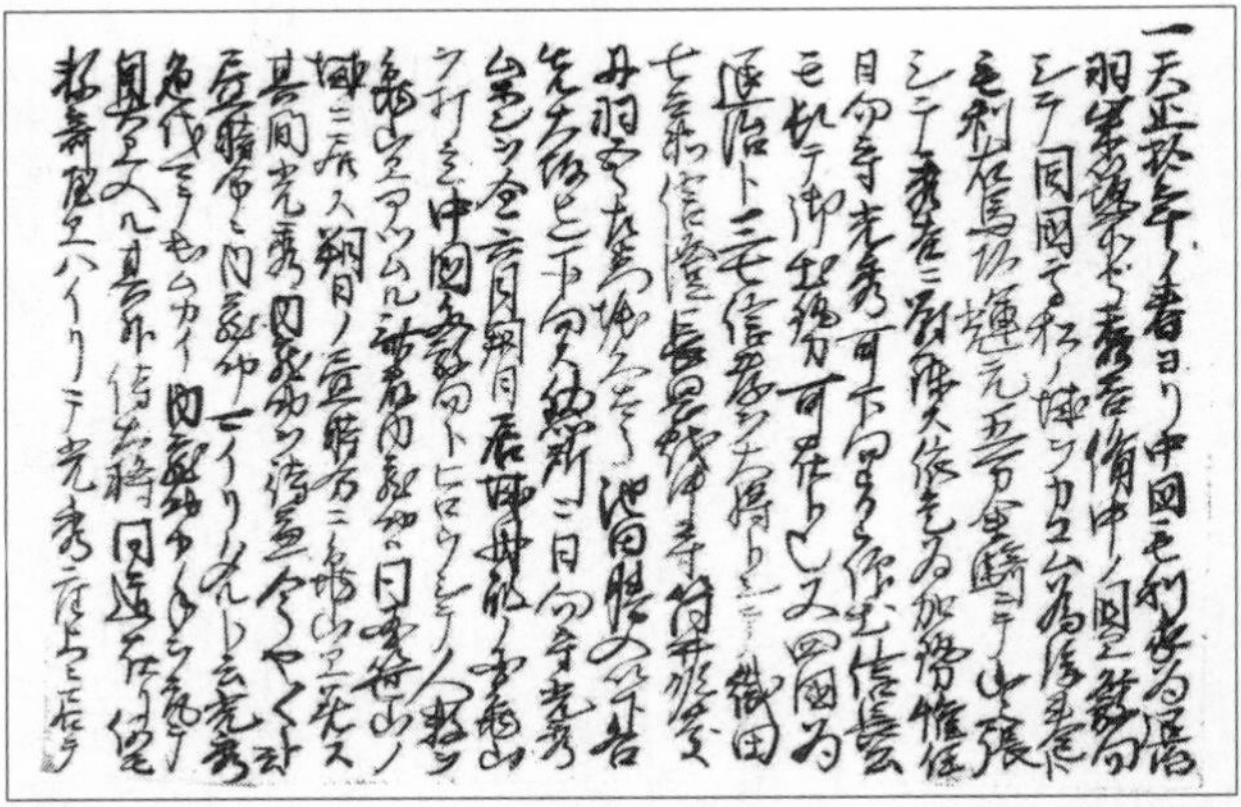

「謀反」を決意した光秀は「共謀」の筆頭家老斎藤内蔵助利三の亀山到着を「今か、今か」と待っています。

図表５　『乙夜之書物』上巻 斎藤利宗遺談第一条の続き

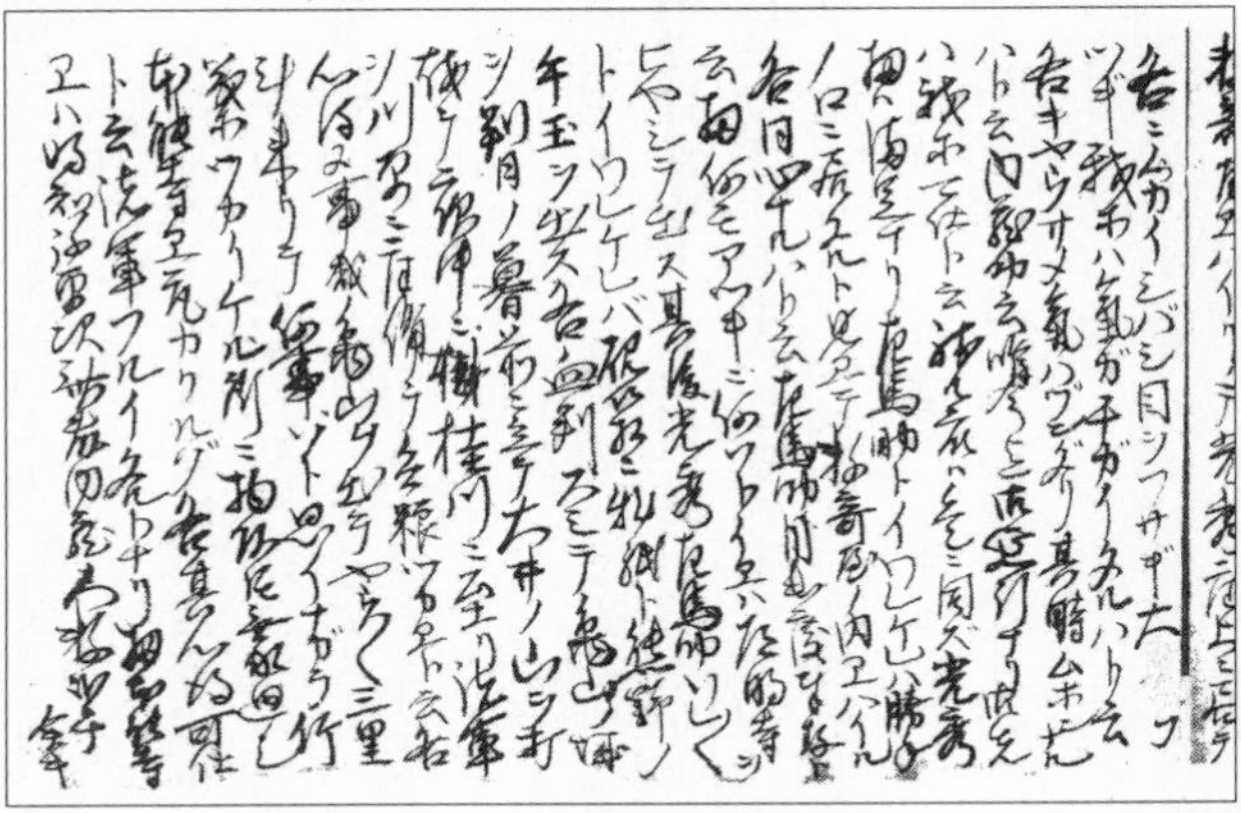

亀山城の軍議で「謀反」を告げた光秀は家老・侍大将たちと「共謀」の誓約書に署名・血判をします。

金沢市立玉川図書館近世史料館所蔵

三の末娘で、利宗の妹「福」こと、のちの春日局（三代将軍徳川家光の乳母）は、黒井（いまの春日町）が生誕地とされていることは前章でふれたとおりです。

ここでは、利三が「笹山の城」にいたのは、多紀郡八上城（兵庫県丹波篠山市）の城代明智光忠と同道するために黒井城から八上城に向かい、八上城に近い、かつての国衆の「砦」だった「笹山の城」で待ち受けたと解しておきます（43ページ図表3参照）。

利宗は、続けて次のように語っています。

到着までのあいだ、光秀は、内蔵助を待ちかねて「まだか、まだか」とひとりごとを言い続けています。昼時分に「内蔵助が参りました」との報告があると、光秀は（玄関の）式台まで出迎えて、内蔵助の手を取って奥へ導くと、ほかの侍大将もあとに付いて行きます。全員が数寄屋（茶室）に入ると、光秀が上座にすわり、みなに向かい、しばらくのあいだ目を閉じ、大息をついてから、「自分は気が違いたるは」と語り出します。みなは、一瞬驚きますが、すぐに気分が高揚してきます。次いで、「謀反なるは」と言うと、内蔵助が（光秀のことばを引き受けて）、

「ただいままで延引なされたことよ。先鋒は、私がつとめよう！」と言います。

ほかの衆は、これに〔内蔵助のことばに〕同意します。光秀は、

「さては、満足なり。左馬助〔明智光春〕！」と〔勝手口に向かい〕声をかけたので（左馬助が）数寄屋の内に入ってきます。

「（光秀が、左馬助に向かい）みな、同心してくれたぞ！」と告げると（左馬助は、それに応じて）、

「めでたいことです」と答えます。

「さて、暑いなかを来てくれたのだ。何かないのか？」と尋ねると（左馬助は、用意してあった）冷えた道明寺〔道明寺粉製の茶菓〕を出します。


中国出陣の軍議の場で、光秀が、突然に「謀反」と言い出しました。

光秀に応じた利三のことばが気になります。

「ただいままで延引なされた」という表現は、以前より、光秀には「謀反」を思い立つ気配があり、利三はそのことを知っていたことを示しています。利三だけではありません。

出席者全員が同じ思いであり、いつか、いつか、と待っていたことになります。

つまり、光秀は、やっと本日「謀反」を決心した、と発表したのです。

この日以前に、信長より堪えられないような仕打ちのあったことが推察されますが、残念ながら、利宗は謀反の理由については知らなかったのか、語っておりません。

いずれにしても、全員がこの日の来ることを待っていた様子なので、光秀もすぐに次の手順に移ります。

そののち、光秀が、

「左馬助！　それ、それ！」と指示したので（左馬助が、準備しておいた）硯箱に料紙と熊野午王宝印《ごおうほういん》を（光秀の前に）並べると（光秀はじめ、全員が、盟約の誓詞に署名して）血判（をします。それが）済むと、亀山の城を（出立することになります）。

「熊野午王宝印」は紀伊（和歌山県）の熊野三社権現が配布する守り札ですが、その裏面が誓詞や起請文《きしょうもん》に用いられています。血判は、違背しないことを示すために、指を切って出た血を自分の署名に押すことです。誓詞に署名した全員、家老・侍大将の強い同意を示しているのです。

桂川のほとりで「本能寺に取懸るぞ！」

亀山城出立は、通説では日が暮れてから、あるいは夜になってから、のことでした。


〈六月〉一日の暮れ前に出陣し、大井の山を打ち越えて、夜中にかかり、桂川のほとりに至ると〈侍大将より〉諸軍に対し、

「河原に座をこしらえて、兵糧〈腰弁当〉を用いるように」との指示が下ります。

将兵は、

「心得ないことだ。亀山〈城〉を出てから、ようやく三里〈約12キロ〉ばかり進んだだけで〈休憩して食事とは？〉何ごとぞ！」と思いながら、酒を呑んでいると、騎馬の物頭〈上司〉がやってきて、

「〈京都四条の〉本能寺に取懸るぞ！　各々、その心得をするように！」と触れまわります。

諸軍〈の将兵〉は〈本能寺襲撃と聞いて、合戦か！　と〉震い立ちます。

亀山から大井の山へは、東の京都方面に進むことになります。大井の山は、大江山ともよばれ、丹波（亀岡市）と山城（京都市西京区）との境にある山で、「おおい」が転訛《てんか》して「おおえ」や「おい」となり「老の坂」ともいわれています。

どのような坂なのかと気になりますが、江戸時代の18世紀後半の出版物『拾遺都名所図会《しゅういみやこめいしょずえ》』の「老の坂」の挿絵を見ると、道の狭い、大変な坂道であることがわかります。

さて、本能寺へは、明智弥平次（秀満）と斎藤内蔵助（利三）の人数二千余騎（二千余人）を向かわせ、光秀は（桂川を渡ったあと、本隊を率いて、京都と反対の南に向かい）鳥羽に控えることにいたします。

軍議の席で利三が申し出たことから、本能寺襲撃は、光秀の指揮のもと、利三が先鋒を務めると思っていたら、利三と明智秀満（弥平次）が二千余人を率いて襲撃の両大将となり、本隊（一万ほど）を率いる光秀は京都南郊の鳥羽に控えたのです。

光秀が襲撃の陣頭指揮をとっていない点は、通説との大きな違いです。

図表6　老の坂　『拾遺都名所図会』より

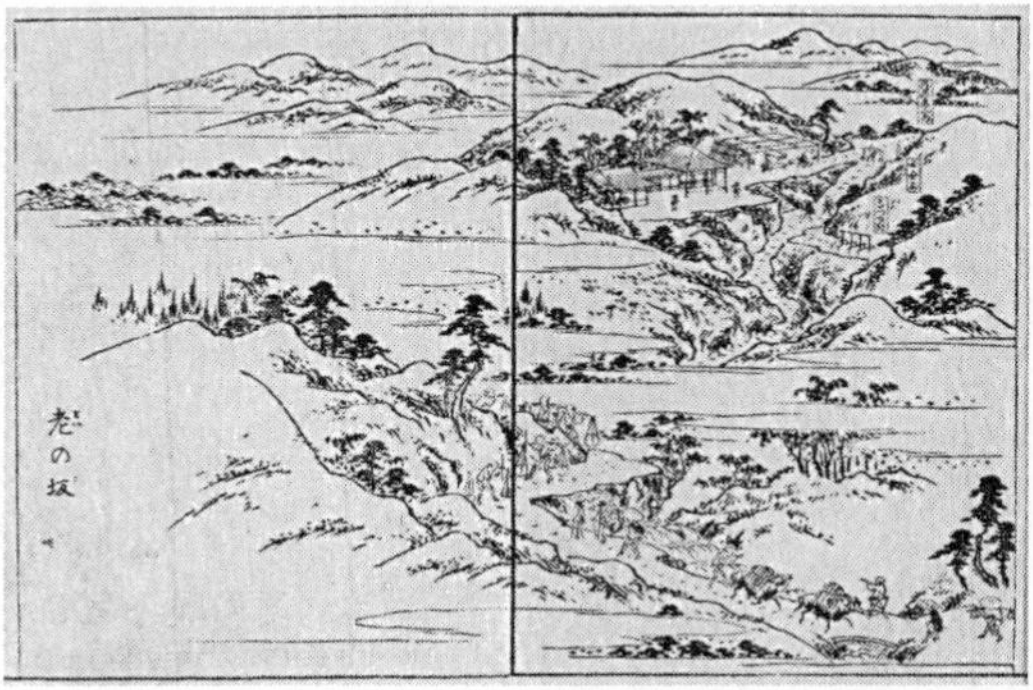

国際日本文化研究センター所蔵

図表7　山城の国乙訓郡の桂川辺り

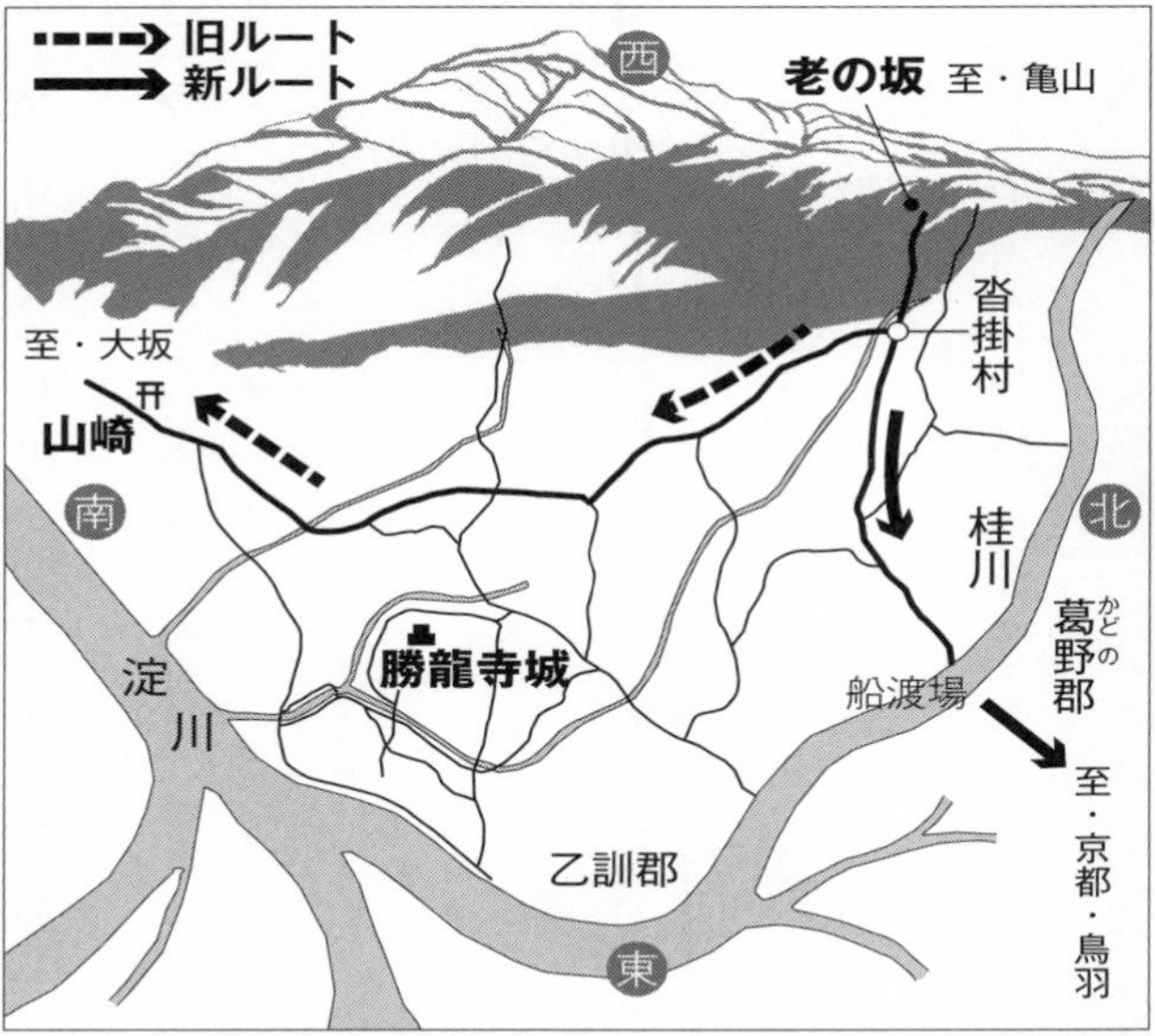

「山城国西岡御領知之図」（『細川家文書』）より作図

それにしても、光秀はなぜ、本能寺の襲撃を指揮しないで、京都より約8㎞も離れた鳥羽に控えていたのでしょうか?

おそらく光秀は、信長の死を見たくなかったのだと思います。この点は「謀反」の理由にかかわることがのちほど明らかになります。

本能寺襲撃の実際

利宗の語る続きの話、二か条目は次のとおりです。

一　明智弥平次（秀満）と斎藤内蔵助（利三）が、二千余騎にて本能寺に押し寄せたところに、早や、夜はほのぼのと明けていきます。

（本能寺の門前に至ると）門内より、水汲みの下部《しもべ》〔雑用の奉公人〕が、水桶を持って出てきますが、押し寄せてきた敵軍を目の前にして（あわてて）門内に駆け込み、門を閉めようとします。攻撃軍の将が、

「あの門を立てさせるな!」と命じたので（将兵は、門前に）押し詰め、門を打ち破って乱入します。

（物音を聞いた守備の宿直）当番の衆が、

「これは何ごとぞ」と、うろたえながら走り出てきて見ると、敵軍は、早や、門内に入り込んでいます。

（当番の衆は）みな、鎗《やり》を手にして、堂宇の上下にて（利三軍と）戦います。

攻撃軍は二千余人、守備の兵は、信長近習の小姓が二、三十人、それに宿直の将兵が同数ぐらいでしょうか。とても、合戦にはなりません。寺内でもありますので、各所で小競り合いといったところです。

本能寺では、信長も出てきて戦う場面があります。時代劇などで有名な場面といえます。

信長公は、白い単衣《ひとえ》の帷子《かたびら》を召し、乱れ髪のまま（縁に）出てこられて、弓を手にし、庭に入ってきた敵を矢つぎばやに射すくめますが、弓の弦が切れたと見えて、弓を投げ捨て、十文字の鎗を取って、接近戦となります。

ところが、手疵《てきず》を負われたようで、白い帷子に血がにじみ出ると、鎗を捨てて、堂宇の奥に入っていきます。ほどなく（火をつけたと見えて）奥の方より火災となります。

以上は、利宗自身が目撃したか、あるいは、目撃談を聞いたのかもしれません。

利宗の語る、第三か条目は、次のとおりです。

一　（本能寺守備の）御番衆は、随分と善戦しますが、思ってもいなかった敵軍の襲撃でしたので、みな（上半身）素肌で、しかもわずかの人数です。（これに対し）敵は、具足を着けており、弓・鎗・鉄砲を備えて、大勢で攻め込んできたのです。（攻撃軍は）終に（堂宇の）縁の上に（守備の衆を）追い上げ、（鎗で）突き伏せ、（刀で）切り伏せ、首を取ろうとします。でも（首を切るのは大変で）頑張っても首は（なかなか）落ちません。そのとき、可児《かに》才蔵が言います。

「下は板敷きなるぞ。手を下げて（刃を首に押し当てて）こすれ！」と。

（才蔵の声を聞いた者が試してみると）みな、手早く（首を）切り落とすことができました。

図表８　『乙夜之書物』上巻 斎藤利宗遺談第一条の続きと第二条、第三条

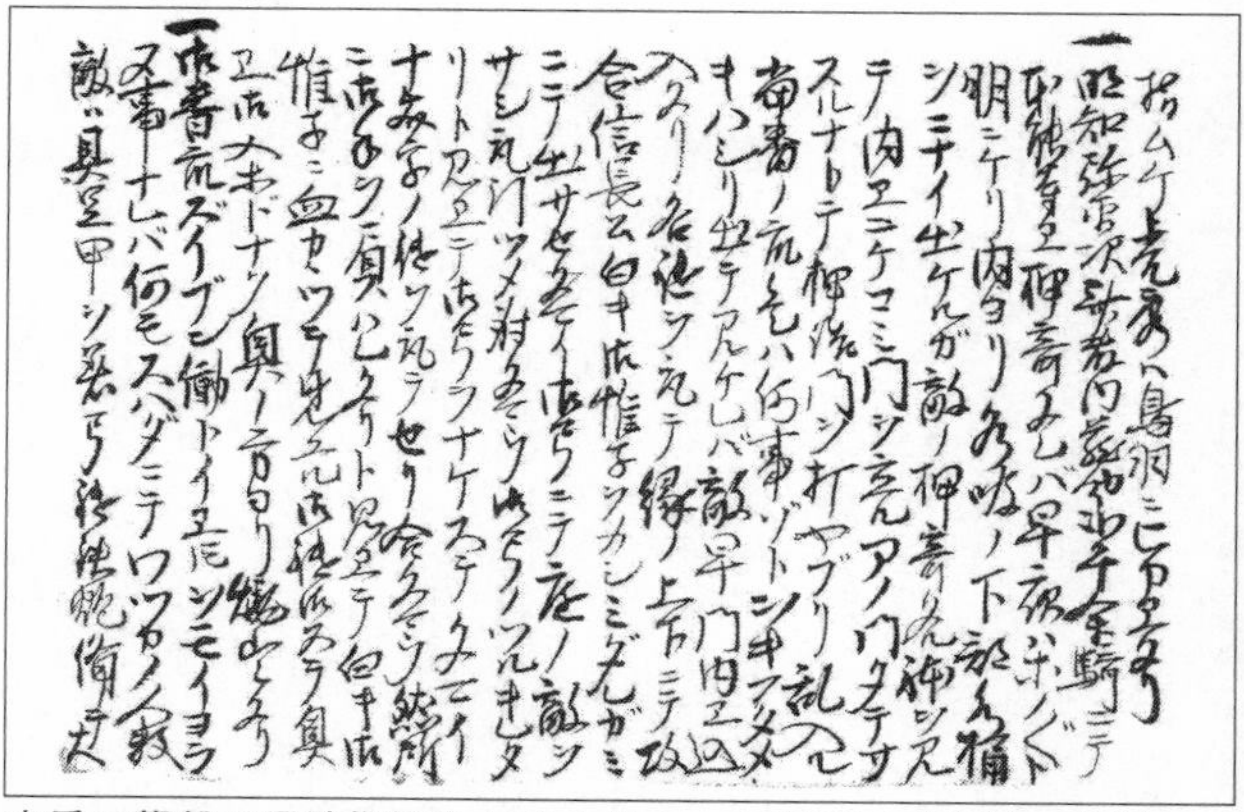

光秀は襲撃の現地指揮をとりません。１行目に「光秀ハ鳥羽ニヒカヱタリ」とあります。

図表９　『乙夜之書物』上巻 斎藤利宗遺談第三条の続きと恒川斎仁物語、進士作左衛門遺談第一条

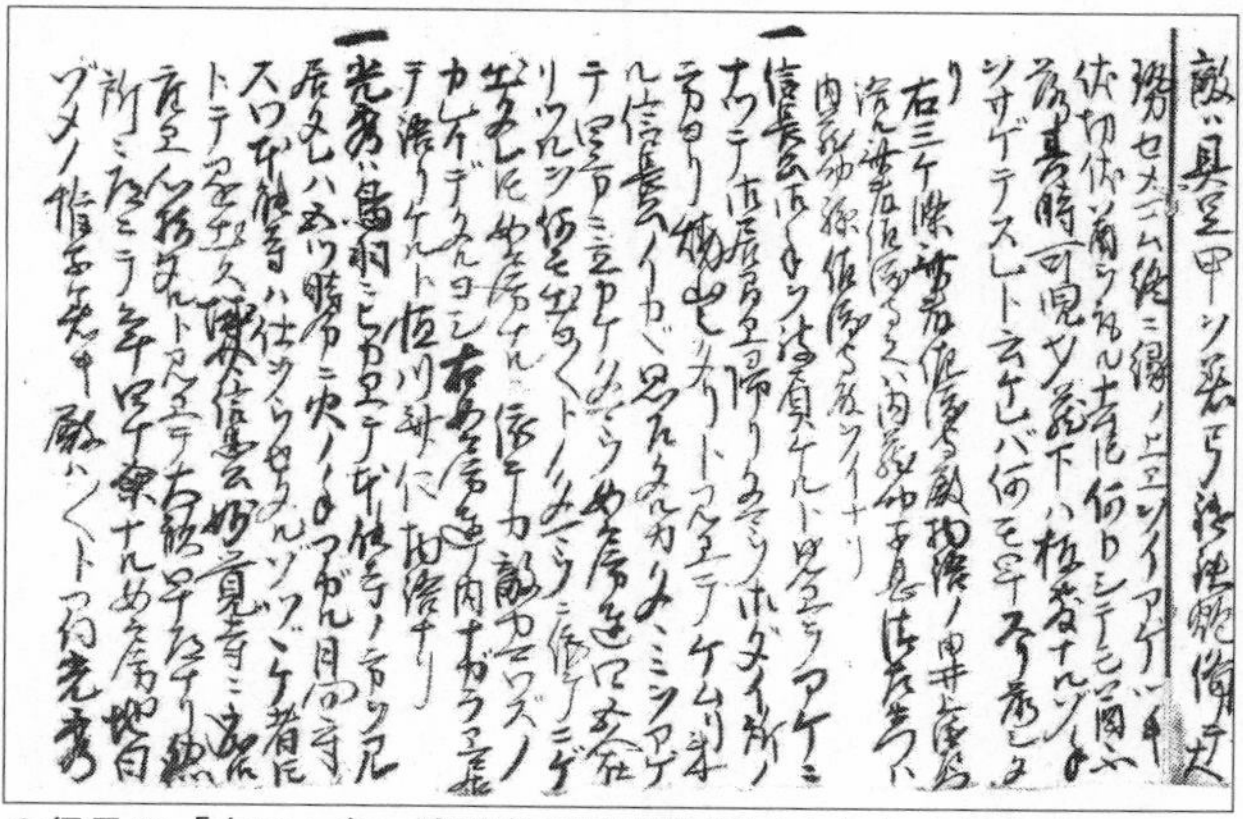

６行目に「右三ヶ条、斎藤佐渡守殿物語ノ由」とあります。

金沢市立玉川図書館近世史料館所蔵

可児才蔵は、美濃可児郡出身の武士で、手練《てだ》れの戦場巧者です。のちに、前田利家などに仕え、福島正則に従ってからの関ヶ原の戦いでは〝笹の才蔵〟との異名をとって評判を得るほどで、江戸時代まで長生きしています。

利宗の語った亀山城でのこと、出陣、そして本能寺襲撃の話は、以上の三か条です。もう一か条は、最後に出てきます。

次は、加賀藩士の古老「恒川斎仁」という人物の話ですが、本能寺での信長の逸話ということで、利宗の遺談の次に収録したと思われます。

一　信長公は手疵を負われたと見えて（白き帷子が）朱になり、居間にもどられました。台所の方より火が出たと見えて（室内は）煙が充満してきます。信長公は、何を思われてのことか、居間の畳を上げて、四方に立て掛けます。（そのとき、信長に仕える）女房たち、四、五人の姿が見えたので（信長は）、「いずれも、出よ、出よ！」と命じます。（その声を聞いて、女房たちは）逃げ出しました。女房ということで、敵軍も構うことがなく、みな逃げることができたとのことです。

右の女房たちの内に、長生きした者がおり、恒川斎仁に語ったとのこと。

光秀本隊は信忠を襲撃

次の話から五か条は、明智軍の将兵だった、加賀藩士進士作左衛門（貞連《さだつら》）の遺談です。利宗の一か条目の末にあった「光秀は（桂川を渡ったあと、本隊を率いて、京都と反対の南に向かい）鳥羽に控えます」に続く話ではじまり、興味深いといえます。

一　光秀は、鳥羽に控えて、本能寺の方の空を見ていたが、五ッ時分〔午前8時ごろ〕に火の手があがりました。（それを見とめた）日向守（光秀）は、「さあ、本能寺（襲撃）は終わったぞ！　者ども続け！」と言って、馬に乗って駆け出します。

（信長公子息の）城介《じょうのすけ》信忠公がおられる（二条衣棚の）妙覚寺を目ざすと見えて、ほとんど急ぎの駆け足です。

ところが、途中で、年のころ四十余歳と見える、白地に模様染めのある帷子を着た女房が現れ、

「殿は！　殿は！」と尋ねながら（光秀の姿を見とめると）馬の口に取りつき、「上様〔信長公〕は、御腹を召されましたぞ！　若君様〔信忠公〕は、ただいま二条殿〔親王の御所〕にお入りなされました」と（貴重な情報を）告げています。のちに聞いたところによると（この女性は）光秀が在京したときに泊まる定宿の女房とのことでした。

当時、京都市内には、信長ですら城館を構えておりません。当然、家臣たちも、京都所司代の村井春長軒《しゅんちょうけん》を例外として、自分の屋敷を持っておらず、入京のときは「定宿」に泊まったのです。

しかし、定宿の女房は、よく光秀の所在がわかったなあと思います。最初から知っていたわけではないと思いますので、市中の光秀軍に顔見知りがいて、教えてもらったのかもしれません。

一町屋に（宿泊して）いた（信長方の）侍衆は本能寺に入ることができなかったため、信忠公のおられる二条御所に立て籠もります。でも、新造途中で、いまだ完成しておらず、門の閂《かんぬき》はあっても、締め金がありません。急な攻撃であり、うろたえるばかりで（攻撃に対する）備えができておりません。

一　光秀が二条御所の門前に押し寄せてきたときには（守備の将兵が）内側より門を固めて、音もなく待ちかまえています。

一　光秀の人数は、鳥羽より二里〔約8㎞〕ばかりの道を急いできたため（騎馬武者はよいのですが）歩きの者はほとんどが付いて行けません。（付いてきた者でも）鑓を持っているのは稀でした。

一　一番に門に着いた者は、山崎庄兵衛、同じく〔同名〕彦右衛門、改田太郎八、堀太郎助、進士作左衛門（の五人）です。

いずれも、鑓を持っておりません。庄兵衛一人だけが、刀身のない、長い鑓を持っていました。彦右衛門は、これを見て、

「庄兵衛！　そのほうが鑓には刀身がなきぞ」と言うと、庄兵衛は、

「何を知ってる！」と言いながら、門の扉を押したところ、門を縄にてからげて置いただけだったので、左右の戸のあいだが一尺〔約30㎝〕ばかり開きました。

庄兵衛は、両戸のあいだより、鑓を（かつがずに）引きずりながら門内に入ると、

続いて、堀太郎助、進士作左衛門も、抜刀して〔門の内に〕入ります。

〔でも〕門の内には〔守備の者が〕一人もおりませんでした。

また、十間〔約18m〕ばかり進むと、門があります。

この門の雨落ちのところで、庄兵衛が門に向かい、折敷《おりしき》姿で鎗を膝の上にのせているると、作左衛門と太郎助も、刀を抜いて庄兵衛の両脇に〔同じ〕折敷姿で並びます。

そうしたところに、向かいの門の内より〔織田方の〕村井春長軒が出てまいりましたが、こちらの様子を見ると、門内にもどって行きます。

ほどなく〔織田方の〕赤沢七郎右衛門が、具足の胴ばかりを着て、朱柄の長い鎗を持って出てきます。続いて、山口小弁が、柿色の帷子を尻端折《しりはしょり》して、これもまた、朱柄の長き鎗を持って〔赤沢と〕両人にてこちら〔庄兵衛たち〕に向かい、「鎗をまいろう」と言ったので〔庄兵衛が〕鎗を構えたところ、〔山口と赤沢の〕両人で何の造作もなく、仰向きになりながら突き倒します。太郎助、作左衛門も〔同様に〕突き倒されてしまいます。

この〔戦いの〕音を、門外の者ども〔襲撃軍の者〕が聞いて、門を押し破ります。〔赤

図表10　『乙夜之書物』上巻 進士作左衛門遺談第一条の続きと第二条、第三条

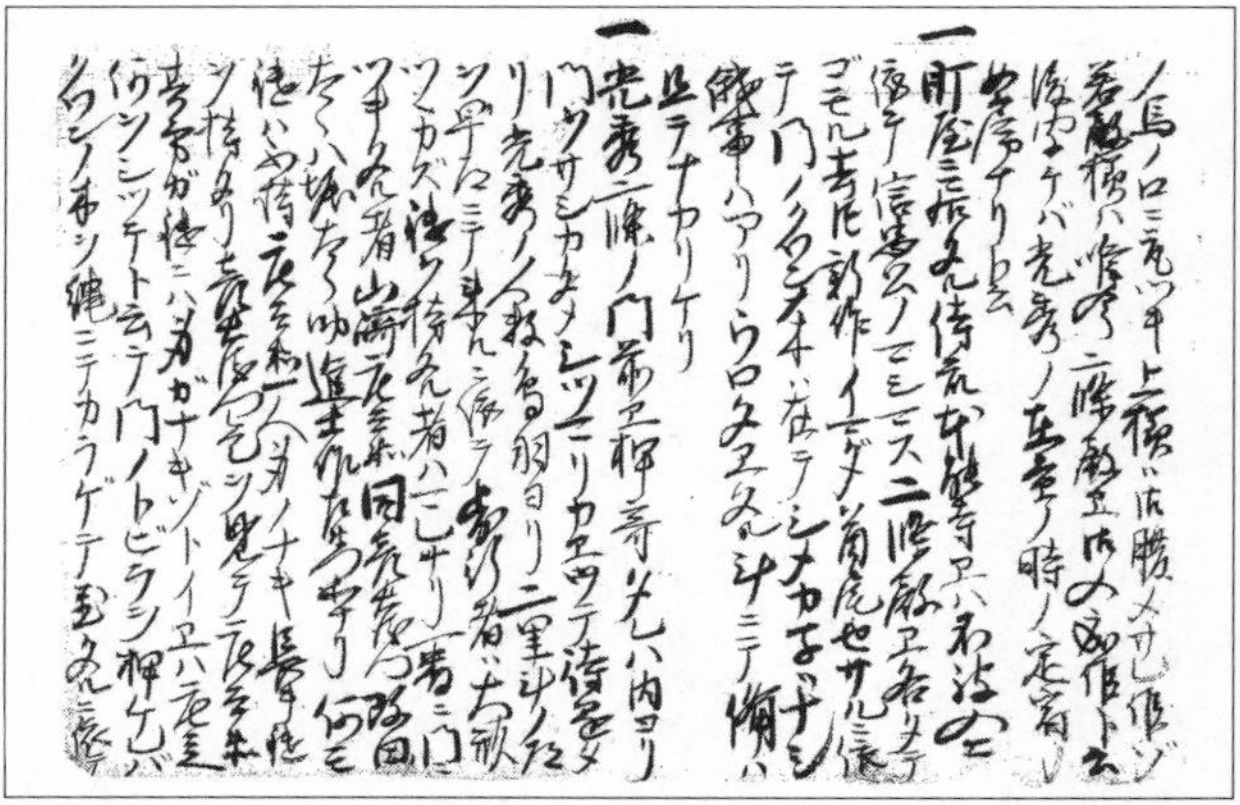

1行目の「上様」は信長のこと、2行目の「若殿様」は信長嫡男信忠のこと。

図表11　『乙夜之書物』上巻 進士作左衛門遺談第三条の続きと第四条

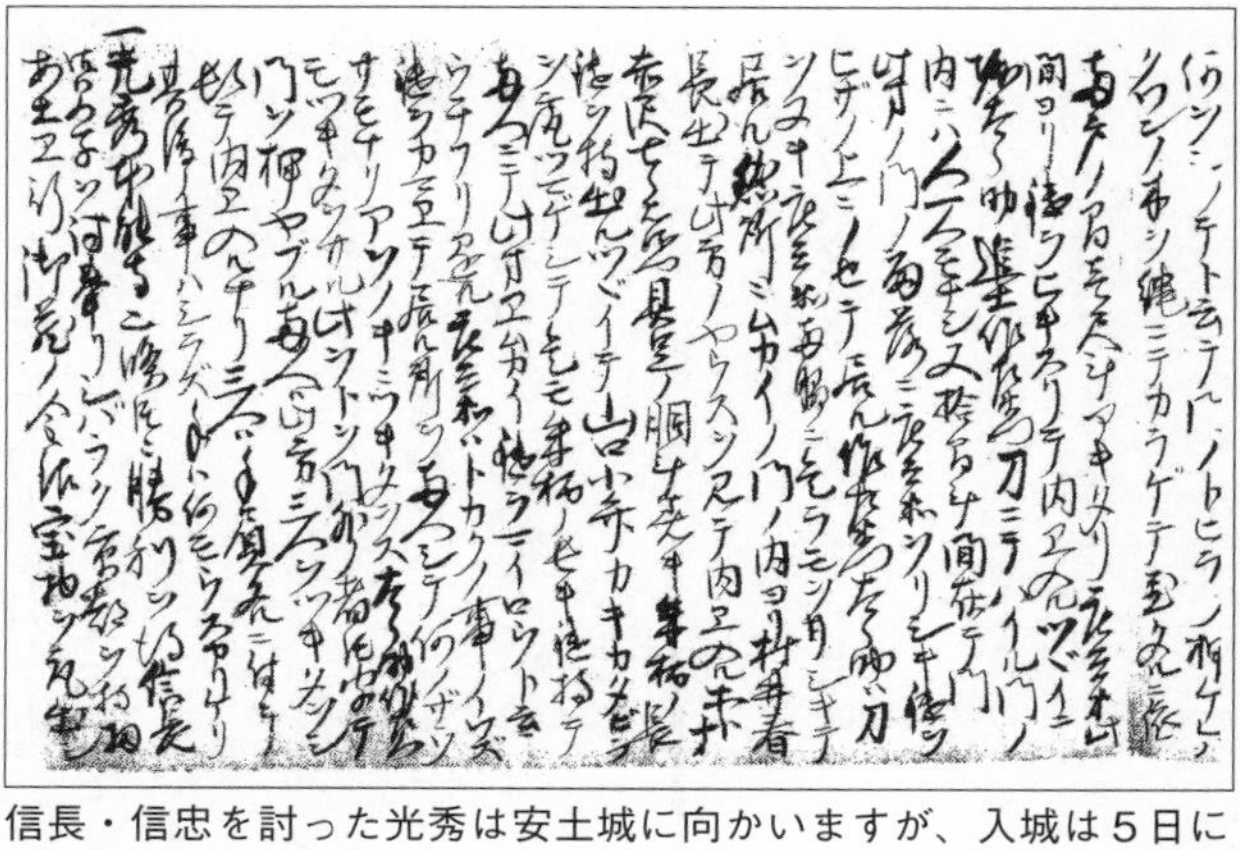

信長・信忠を討った光秀は安土城に向かいますが、入城は5日になってしまいます。

金沢市立玉川図書館近世史料館所蔵

沢と山口の）両人は、三人を突き倒すと（敵の進入を見て）門内に引き上げて行きます。三人は手疵を負ったため、その後のことは知りません。疵は、いずれも、薄いといえます。

この一か条は、遺談の主、進士作左衛門と仲間との実戦ドキュメントです。庄兵衛と太郎助、作左衛門の三人のなかでは、庄兵衛が一番の〝剛の者〟といえそうです。それにしても、語りの作左衛門にとっては、力の入った場面といえるでしょう。まるで、小説の一場面を読んでいるような気分になります。

文中に出てきた「折敷」は、左のひざを立て、右のひざを横に折りまげて、腕を下ろした姿勢です。

庄兵衛ら三人が門に向かって横に並び、後続の味方の将兵を待つ〝晴れ姿〟といったところでしょうか。

門の内より最初に出てきた村井春長軒は、かつて光秀と同じ京都代官でしたが、幕府が滅亡した天正元（1573）年より京都所司代を務めてきた行政官僚です。天正九（1581）年に出家して「春長軒」と号しています。

居宅は市内にあるので、逃げる機会はあったはずですが、信長に殉じようと決したものの、本能寺に入れなかったため、仕方なく信忠に合流したのです（信忠とともに、ここで最期を迎えています）。

2 そして、山崎の戦いへ

秀吉の〝中国大返し〟

備中の国で毛利方の高松城を囲んでいた羽柴秀吉は、信長の出陣を待っています。五月下旬に、信長に軍監として遣わされた堀秀政（光秀のあとの家康饗応役の一人）が到着します。このとき信長の京都出発が六月四日であることを知りました。

秀吉が、二日の早朝に京都で起きた本能寺の変を知ったのは、三日の子《ね》の刻（四日の午前0時ごろ）のことで、京都の茶人長谷川宗仁（武田攻めのときは信長に同行）が密かに遣わした飛脚の到着による、と小瀬甫庵《おぜほあん》『太閤記』（序文に「時に寛永二（1625）暦孟春日」とあり）は記しています（秀吉自身は、のちに「四日に注進御座候」と手紙に書いています）。

京都から備中高松（岡山市）までの距離（２１０㎞余）を考慮すると、１時間に15㎞ほど走った計算になります。とても信じられない話といえますが、当時はありうる話として記されたのかもしれません。ちなみに、第四章にも、足速の飛脚の話が出てきます。

秀吉は、あわただしく毛利方と和議を進め、毛利方の高松城将らの切腹などを条件に和議を結ぶと、六日に高松を離れ、七日に居城の播州《ばんしゅう》姫路城にもどっています。

一日おいて、九日に姫路を出発し、十一日には摂津尼崎（兵庫県尼崎市）に到着しています。

信じられないほどのスピードで、万余の大軍勢が畿内にもどってきたことになります。これは〝中国大返し〟とよばれています。

尼崎で、秀吉は、光秀の「与力」大名、摂津茨木城主中川清秀ら、四国攻めの神戸信孝（信長三男）や惟住（丹羽）長秀らと連絡をとりながら、光秀の動向を探っています。

秀吉が〝大返し〟の途中の六月五日付けで書いた、中川清秀から届いた手紙に対する返事で次のように述べています（『大日本史料』）。

こちらから手紙をと思っておりましたときに、お手紙をいただきまして嬉しく存じております。ただいま京から下ってきた者が確かな情報として申すことですが、上様〔信長公〕並びに殿様〔信忠公〕は、いずれも何ごともなく〔囲みを〕切り抜けられ、ぜゝが崎〔大津市膳所《ぜぜ》〕へおのきなされております。

諸大名は、五日の時点で信長父子の消息（死去の確報）が得られていないことがわかります。この手紙をもって、信長父子が生きていることの証拠とはなりませんが、生存の可能性は薄いにしても、ゼロではないことを示しています。

秀吉の手紙を見た中川清秀は「あるいは……!?」と思ったかもしれません。この情報は「与力」仲間の高山右近や池田恒興らに伝えられたと推測されます。

中川ら「与力」大名を先鋒とする秀吉が、摂津と京都の境、山崎に布陣を開始したのは、六月十二日のことです。

総崩れを起こす光秀軍。そして……

進士作左衛門の遺談は、六月二日以降も語ってくれています。でも、今回は、自身と同僚の〝活躍〟話はありません。

一　光秀は、本能寺と二条御所の戦いに勝利を得、信長父子を討って、しばらくのあいだ京都にいましたが、その後〔五日に〕安土（城）へ行き、御蔵の金銀・宝物を取り出して（味方の）諸軍勢に配っています。
そうしたところに（羽柴）筑前守秀吉公が、中国の毛利と和睦して（上方に）攻め上ってくるということを聞いたため、安土に明智左馬助（光春）を残して、光秀は（山城の）勝龍寺（城）へ向かいます。

六月十三日に（秀吉公と）合戦があり、日向守（光秀の）旗本〔譜代衆〕は、おんぼうが塚（に本陣をおき）、先鋒は山崎にて（秀吉連合軍と）対陣します。（光秀は）右の方、山崎の後方にある天王山へ（譜代衆の）松田太郎左衛門を遣わします。松田は、山の八分目まで上がったとき、山上に人が見えたので、敵か、味

図表12　『乙夜之書物』上巻 進士作左衛門遺談第四条の続き

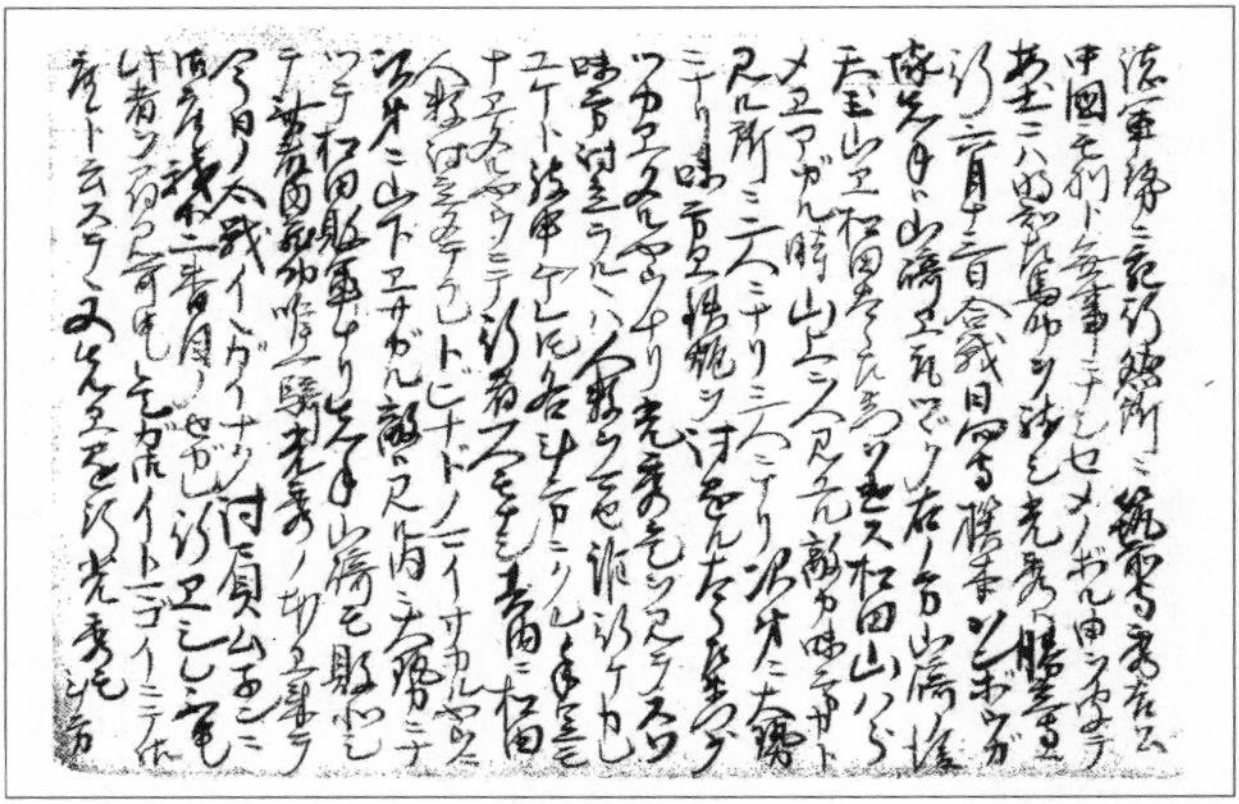

17行目に“山崎の戦い”先鋒の斎藤利三がもどって来て光秀に暇乞いを告げる場面があります。

図表13　『乙夜之書物』上巻 進士作左衛門遺談第四条の続きと第五条、利宗の第四条

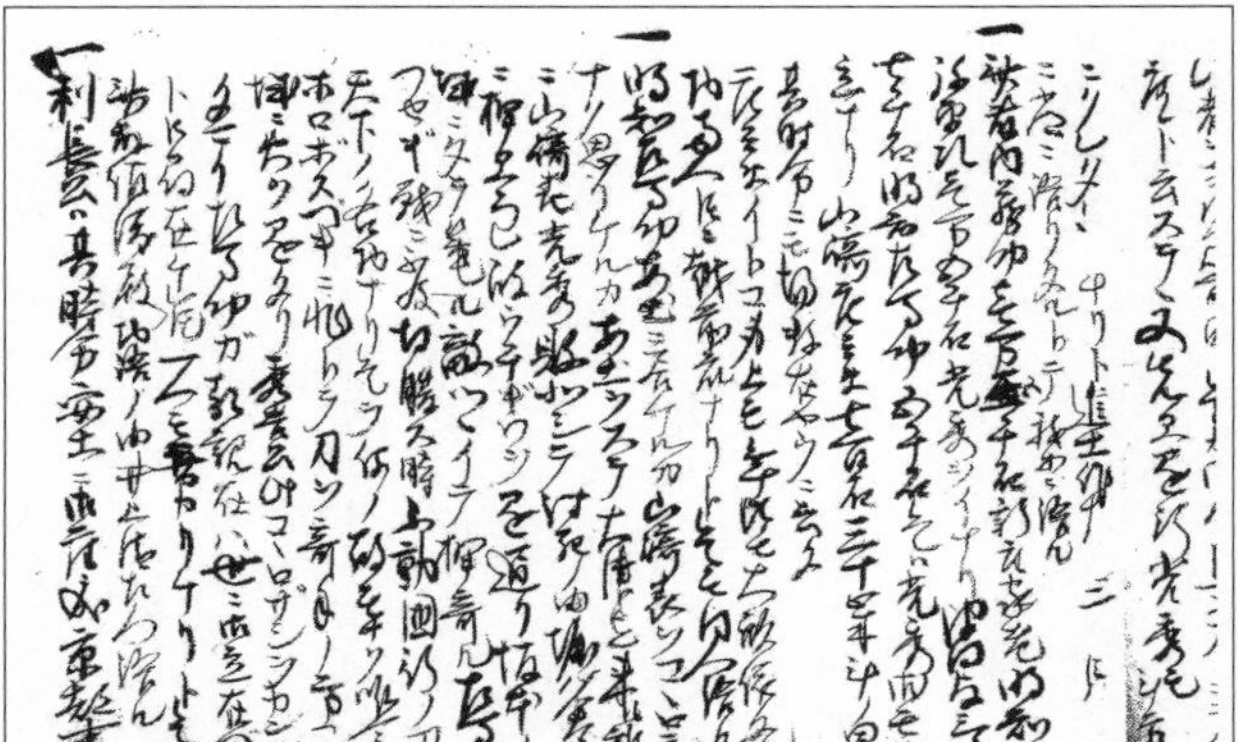

左から3行目の下のほうに「……ト、是モ斎藤佐渡殿物語ノ由」とあります。

金沢市立玉川図書館近世史料館所蔵

方か、とうかがっていたら、二人になり、三人になり、次第に大勢になり（山下の）味方へ鉄砲を打ち掛けます。

「太郎左衛門（の登り）はつかえたようだ」

光秀は、これを見て、

「すわ、味方が討ち立てられるぞ！　人数を増やせ！　誰ゆけ！　彼ゆけ！」と命じますが（突然の敗色に驚いてしまい）誰もどうしてよいものかわからず、手足も萎えたようで、行く者が一人もおりません。

その内に（天王山に登った）松田の（率いる）人数が討ち立てられ、鳶《とび》が舞い下りるように、次第に山を下ってきます。敵は、見る内に大勢になって、松田は敗軍の体です。

先鋒と山崎、ともに敗北したところで、斎藤内蔵助（利三）がただ一騎で、光秀のもとへやって来ると、

「今日の合戦、申し上げる甲斐もないほど討ち負け、無念でござります。私の二番目の悴《せがれ》（利宗の）行方が知れません。この者を尋ね求めたいと存じます。これが（今生の）お暇乞いでございます」と言い捨てて、戦場にもどって行きます。

光秀も、どうしてよいものか途方に暮れてしまった様子です。

このあと、光秀は、山城の勝龍寺城に入りますが、ここを支え切れないと判断して、近江の坂本城に向かうことにします。そして、途中の小栗栖《おぐるす》で非業の死を迎えたとされるのは、ご存じのとおりです。

本能寺襲撃の大将・斎藤利三の最期

光秀と別れた利三は、結局「二番目の悴」利宗に再会できず、京都東郊の白川に潜んでいましたが、捜索の手が伸びたことによるのでしょうか、十七日に自害したと伝わっています（『寛政重修諸家譜《かんせいちょうしゅうしょかふ》』）。これには、生け捕られたとの異説もあります。

利宗にも会えず、丹波の家族の消息も知れない、この世に思いを残す無念な死だったことでしょう。

作左衛門の遺談は、最後の一か条で、光秀の重臣について次のように述べています。

一（家老）斎藤内蔵助（利三）は一万五千石、新座家老明智弥平次（秀満）も

一万五千石で、光秀の甥です。皮田与三郎は七千石、明智左馬助（光春）は五千石、これは光秀の御物立です。山崎庄兵衛は七百石、三十四歳ばかりの男で、当時においても戦場経験があるように言っております。山崎彦右衛門は庄兵衛のいとこで、身上も、年ごろも、ほとんど同じ。二人とも、越前衆〔越前の武士〕です。

文中の「新座」と「御物立」は江戸時代の加賀藩の職制で「新座」は新参（新任）のこと、「御物立」は幼少より主君の側近くに仕えた家臣のことをいいます。遺談の進士作左衛門も、遺談を聞いた関屋政春も、加賀藩士だったことによる職制の表記と推測されます。

さて、利宗の父利三は、光秀を〝支えてきた〟古参の家老であり、新任家老の明智秀満は光秀の甥で、妻は光秀の長女でした。このゆえに、両家老の二人が光秀に代わって、本能寺襲撃の総大将を務めたのでした。

そして明智光春は、若いときから光秀の側に仕えてきた「御物立」であり、将来有望な側近だったのです。

遺談の主である進士作左衛門は、山崎庄兵衛や山崎彦右衛門と同じような知行・年齢だったと思われます。

明智左馬助の〝湖水渡り〟伝説

利宗の遺談は、先の「三か条」だけではありません。もう一か条、次のような話が収録されています。

一　明智左馬助（光春）は、安土（城）にいたが、山崎でのことが心配で、安土を捨てて大津まで来たところ、山崎では光秀が敗北して討死したことを（大津にやってきた秀吉軍の内、旧知の）堀久太郎（秀政）より告げられたため、山崎に進むことができなくなり（琵琶湖の）波打ち際を（馬で）駆け通り、坂本の城に（入り）立て籠もることにします。敵（軍）も（あとに）続き、（坂本に）押し寄せると、左馬助（光春）は、防ぎ戦うには及ばずと、切腹を決意します。そのとき（坂本の城にある）不動国行の刀は天下の名物であり、この刀を何の理由もなく、ただいま（城とともに）滅ぼして〔失って〕しまうべきではない、と考え、寄せ手の（秀吉軍の）方へ引き渡してから、城に火をかけています。（この話を聞いた）秀吉公は、左馬助の志を感じられ、左馬助の親類がいるならば（代わりに）取り立てようとして、お尋ねなされたけれども、一人もいなかったとのことです。

江戸時代になると、この話は「明智左馬助の湖水渡り」として、広く知られるようになります。

江戸後期（19世紀）には、江戸名物の浮世絵＝吾妻錦絵にも描かれるほどの人気です。絵師の一恵斎芳幾《いっけいさいよしいく》は「太平記英雄伝」の一枚として「明智左馬助光春」をとりあげ、戯作者「山々亭有人《さんさんていありんど》」が、浮世絵の下段に次のように記しています（読み仮名のルビも原文のまま）。

光春安土《みつはるあづち》にありしが、山崎《やまざき》の軍心《いくさごゝろ》もとなく、手勢《てぜい》を卒《そつ》して援《えん》に赴《おもむ》き、打出《うちで》の浜《はま》にして堀秀政《ほりひでまさ》と血戦《けつせん》し、衆皆討《しゆうみなうた》るゝに及《およ》び、血地《けつち》を開《ひらき》て、蒼々《そう〳〵》たる湖水《こすい》に乗入《のりいり》しが、さながら平地《へいち》を往《ゆく》ごとく、已《すで》にして坂本《さかもと》に入城《にうじやう》し、名器《めいき》を録《ろく》して秀吉《ひでよし》に送《おく》り、家室長閑斎《かしつちやうかんさい》等《ら》と倶《とも》に自殺《じさつ》なせしが、その智《ち》、その勇《ゆう》、唯人《たれびと》かをしまざらん。

この文章は、利宗遺談と同じといってよいと思います。有人が、門外不出といえる『乙

図表 14 『明智佐馬之助光春湖水乗切唐崎松之図』（小林清親・筆）

東京都立中央図書館特別文庫室所蔵

夜之書物』を借覧した可能性は薄いので、出典については興味深い〝謎〟といえます。

『乙夜之書物』で明らかになった6つの新事実

以上で、『乙夜之書物』上巻に収録された、斎藤利宗遺談と進士作左衛門遺談を、すべて紹介いたしました。

要点をまとめてみますと、左記のとおり、6点の新事実が明らかになりました。

1、本能寺の変（信長襲撃）は、惟任（明智）日向守光秀による、単独の「謀反」であり、天下取りの野望説、朝廷（天皇・皇族や公家）や備後（広島県東部）にいる将軍足利義昭、和泉の堺に滞在していて〝伊賀越え〟で領国の三河にもどった徳川家康、畿内にいたイエズス会宣教師などの関与説・黒幕説は成り立たないこと。

2、では、なぜ「謀反」を起こしたのか？　謀反には必ず理由があるはずですが、斎藤利宗遺談（『乙夜之書物』上巻）では語られていないこと。

3、亀山城での出陣前の〝軍議〟に出席したのは、光秀と両家老の斎藤内蔵助（利三）と明智弥平次（秀満）の三人と人数不明の「侍大将」たちです。出席の主従は全員が、誓詞（起請文）に署名・血判して、不退転の決意を示したこと。
4、軍議で決まったことは、内蔵助と弥平次が大将となって、信長の宿泊する本能寺を襲撃すること。光秀は本能寺襲撃に加わらず、京都南郊の鳥羽に控えており、襲撃の成就をまって、妙覚寺に宿泊する信長嫡男の信忠を襲撃したこと。
5、琵琶湖の〝湖水渡り〟をおこなったのは、光秀側近ナンバーワンの明智左馬助光春でした。江戸時代以来、明智弥平次秀満と明智左馬助光春が同一人物とされることがありましたが、二人はまったくの別人であること。
6、斎藤内蔵助（利三）は、山崎の戦い（六月十三日）の敗色が濃くなった時点で、戦場ではぐれた「二番目のせがれ」を捜し求めるため、光秀と最後まで行動をともにすることなく、暇乞いして戦場を離脱したこと。

『政春古兵談』が語る真の動機

右の、2で述べた「謀反」の理由について、新しい知見が得られましたので、以下に記します。

関屋政春の『乙夜之書物』は三巻本であり、上巻（寛文九〈1669〉年成立）のほかに、中巻（寛文九〈1669〉年閏十月成立）と下巻（寛文十一〈1671〉年成立）があります。

また、政春にはほかにも、『政春古兵談』（延宝七〈1679〉年成立）の名称で伝わる筆写本が伝存しています。

精査の結果、『政春古兵談』と『乙夜之書物』中巻に、光秀の「謀反」の理由にかかわる貴重な話のあることがわかりました。

2点の内『政春古兵談』の記事は〝斎藤利宗遺談〟の可能性があります（第三章参照）。

早速、紹介いたしましょう。

一　斎藤内蔵助（利三）は（美濃の大名斎藤）義龍（道三の子）の甥で、稲葉伊予守（良通。出家名は一鉄）に仕えていましたが、子細（理由）があって、伊予守家を立ち退いたので、明智（惟任日向守光秀）が一万五千石で召し抱え、（利三は）丹波福知山の城（のちに、黒井城）を預かることになりました。稲葉はこのことを腹立たしく思い、信長公に訴訟します。よって、（信長公は）「（稲葉家へ）返すように」と明智に命じたけれども、（光秀は）返しませんでした。

この出入り〔もめごと〕によって、信長公は、明智の頭をお張りになられた〔平手でたたかれた〕とのことです。

年次未詳の話ですが、斎藤利三のことで信長が、命令に〝従わない〟光秀の頭を平手でたたいたというのです。

第一章で述べたように、信長に十年以上も仕えて、それなりに〝蜜月〟といえるような関係にあった光秀にとっては、信じられず、堪えられない仕打ちだったことと思われます。拳骨でなかったとしても、ショックな出来事だったことは疑いありません。

四国問題とこのトラブルに注目し、斎藤利三が本能寺の変に深く関係しているのではないかと考え、健筆を揮《ふる》っておられる歴史作家に桐野作人さんがおられます。

図表15　斎藤利宗の遺談と思われる井上清左衛門の物語（『政春古兵談』より）

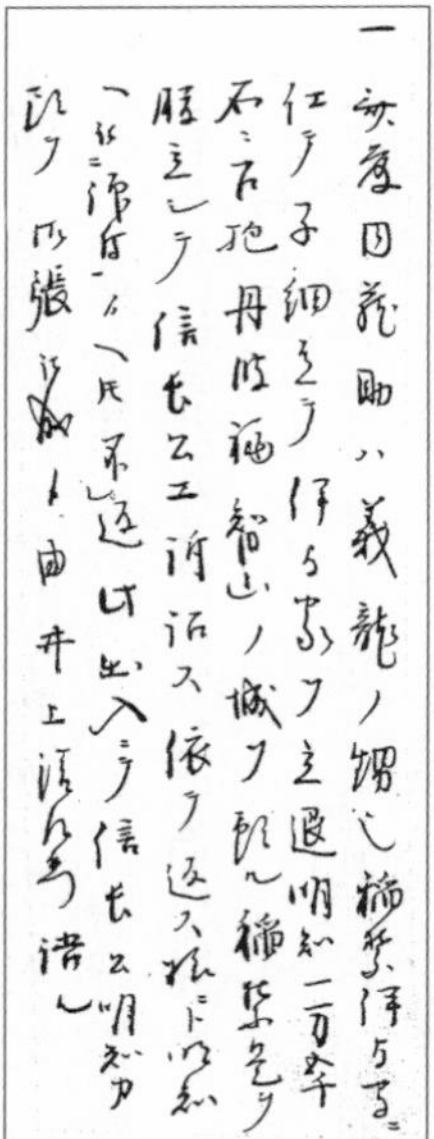

金沢市立玉川図書館近世史料館所蔵

四国問題とは、信長の四国政策の変更によ

り四国攻め＝土佐（高知県）の大名長宗我部元親攻めとなったことに関わります。それまでは、光秀のもとで元親と縁戚の斎藤利三（兄の石谷《いしがい》頼辰《よりとき》の義妹が元親の妻）が交渉を担当してきたこともあり、信長と元親は良好な関係にありました（元親の嫡男信親の「信」は、信長からの一字拝領です）。

つまり、四国政策の窓口となってきた光秀と利三は、面目・立場を失ってしまい、これが本能寺の変の原因に関わっているのではないか、と評価されたのです。でも、筆者は、利宗遺談により、四国問題は本能寺の変の直接の原因ではないと判断します。

なお、先の『政春古兵談』の記事は、桐野さんの著書『明智光秀と斎藤利三　本能寺の鍵を握る二人の武将』（宝島社新書、２０２０年）で紹介されました。

それでは、次に『乙夜之書物』中巻に収録された話を紹介いたしましょう。

一　明智〔惟任〕日向守光秀の家老斎藤内蔵助（利三）は、稲葉伊予守一鉄入道の臣下でした。伊予守家を立ち退き、明智に仕えて一万五千石を取ります。（これを知った）稲葉（一鉄）は憤り、信長公に訴えて、

「私の家礼〔家来〕斎藤内蔵助と申す者、私が小身であるので見限って立退き、

明智家に参ったため大身に成られました。私は、小身であっても御用に立ちたいと思い、能のある者を取り立てたら、早や、大身の者が高い知行を与えて招くならば、人間の習いとして欲にふけり、取り立ててくれた〔元の〕主人を捨て、大身の方へ参って立身〔出世〕し、これ〔内蔵助〕を返せと言っても、当〔いまの〕主人〔光秀〕が、あれこれと言い訳して返しません。このようなことでは、以来、小身の者が御用に立つことは難しいことです。ぜひとも、内蔵助を返すように、日向守〔光秀〕に命じてください」

との書付を差し上げたところ、

信長公は、

「もっともなことだ。日向守、内蔵助を返すように」と命じられました。

日向守〔光秀〕は、

「私が〔信長公より〕御先手を命じられても、私一人ではどうしようもありません。能力のある者を召し抱え、私の先手を任せてこそ、大きな勝利を得ることができるのです。能力のある者を持たなくては〔信長公の〕先鋒もつとまるかどうかとなってしまいます」と申し上げたところ、

信長公は、

「どのような理由があろうとも、内蔵助を（稲葉に）返せ」と（ふたたび）命じています。

光秀は、また、

「何と仰せられても、内蔵助を返すことはできません」と申し上げます。

このようなことがあったので（甲斐の武田攻めのときの）信州諏訪（の御陣）にて（信長公は）、

「私の申し付けたことに違背する」として、日向守（光秀）の頭を、みずから平手でたたかれ、そのあとに御前にいる小姓衆にも平手でたたかせたとのこと。（おかげで）明智〔惟任光秀〕の金柑頭《きんかあたま》は腫れてしまったといいます。

このときの遺恨と、家康公ご上洛の途次、安土にて（信長公が）饗応の奉行を明智〔惟任光秀〕に命じましたが、その仕様が御意に応じていないとの理由で（信長公の）ご機嫌が悪く、（光秀が手配して）できあがってきた器具〔膳椀など〕を安土城の堀へすべて捨てさせてしまったこと。明智〔惟任光秀〕は、生得、気が小さいが、律儀第一の人物で、右の二度のできごとによって（光秀は、自分の）

ご成敗（信長から死罪を命じられること）は疑いないと思い込んでしまったものか、いつもの心と違い、不審なことである、と、当時の人びとが申していたとのこと。

この話には、誰の話、といったような付記がありませんが、最後のくだりに、本能寺の変が起こった「当時の人びとが申していた」との付記は大いに注目されます。

信長の光秀打擲《ちょうちゃく》（打ちたたくこと・いじめ）の話は、当時のポルトガル宣教師フロイスの後年の著書『日本史』にも見えることを思えば、類似の話が流布していたことは間違いありません。

つまり、光秀の「謀反」は、右に紹介した二点の史料から、信長の「いじめ」が原因だった可能性が限りなく高くなります。

もっとも、当の信長は「いじめ」と思っていなかったかもしれません。それゆえ、宿泊の本能寺を襲撃された信長は「相手が光秀」とわかったとしても「なぜ、光秀が……?」と納得できなかったと思われます。

ちなみに、信長の最期のことばとして有名な「是非に及ばず」は『信長公記』の著者太田牛一が、次のように書いたことから流布したもので、牛一が生き残った人から伝え聞いた信長のことばではないようです。

それでは『信長公記』の「信長公本能寺において御腹めされ候事」に載る一文を引用して紹介しましょう（桑田忠親校注『改訂　信長公記』新人物往来社）。

信長も、御小姓衆も、当座の喧嘩を下々の者ども仕出し候と、おぼしめし候のところ、一向《いっこう》さはなく、ときの声を上げ、御殿へ鉄炮《ママ》を打ち入れ候。「是れは謀叛か、如何なる者の企てぞ」と御諚《ごじょう》のところに、森乱申す様に、「明智が者と見え申し候」と、言上《ごんじょう》候へば、「是非に及ばず」と、上意候。

史実はともかくとして、大河ドラマなど、本能寺の変の場面では、このことばが信長に似合います。ドラマの台本を修正する必要はないように思います。筆者も、大河ドラマファンの一人ですから……。

コラム　本能寺襲撃のもうひとつの史料
『本城惣右衛門覚書』

奈良県の天理大学附属天理図書館所蔵の史料に、光秀の軍勢に加わり、本能寺を襲撃した丹波の一武士が、晩年の八十歳から九十歳のころと推測される寛永十七（1640）年ごろにしたためた記録があります。

昭和五（1930）年にその存在が知られるようになって以来、明智方に属して本能寺襲撃に加わった人物が記した唯一の史料として話題にはなりますが、本能寺の変からずいぶん後に記された覚書であり、書かれた内容を証する史料がほかになかったため、参考史料にとどまってきました。

でも、このたび発見された、〝斎藤利宗遺談〟の内容とくらべてみると、一致する点が多くあります。

何よりも、覚書に登場する明智方の部将は、斎藤内蔵助（利三）と明智弥平次（秀満）であること、また利宗か兄の利康と思われる「くら介殿しそく〔子息〕」の記述の存在が、光秀の加わっていない本能寺の変の真相を語る〝斎藤利宗遺談〟の史料価値を高める役割を果たすことになり、改めて注目に値する史料になっています。

それでは、その『本城惣右衛門覚書《ほんじょうそうえもんおぼえがき》』の本能寺襲撃の場面を原文の現代表記で紹介いたしましょう。

の、口〔野々口〕

一　あけち〔明智〕むほん〔謀反〕いたし、のぶなが〔信長〕さまにはら〔腹〕めさせ申し候時、寺《ほんのうじ》へ我等〔私〕よりさきへはい入り申し候などという人候わば、それはみなうそにて候わんと存じ候。其のゆえは、のぶなが〔信長〕さまにはら〔腹〕させ申す事は、ゆめ〔夢〕ともしり申さず候。其の折りふし、たいこ〔太閤〕さまびっちゅう〔備中〕に、てるもと〔輝元〕殿、御とり相にて御入り候。それへ、すけ〔助〕に、あけち〔明智〕こし申し候由、申し候。山さき〔山崎〕のかたへとこころざし候えば、おも(思)いのほか、京へ、と申し候。我等〔私〕は其の折りふし、いえやす〔家康〕さま御じょうらく〔上洛〕にて候まま、いえやす〔家康〕さまとばかり存じ候。ほんのう〔本能〕寺というところもし〔知〕り申さず候。

人しゅ〔人衆〕の中より、馬のり二人いで申し候。たれぞと存じ候えば、さいとうくら（の）介〔斎藤内蔵助〕殿しそく〔子息〕、こしょう〔小姓〕共に二人、ほんの（う）じ〔本能寺〕のかたへの〔乗〕り申され候あいだ、我等〔私〕其のあとにつき、かたはらまち〔片原町〕へ入り申し候。それ二人は、きた〔北〕のかたへこ〔越〕し申し候。其のはし〔橋〕のきわに、人一人い〔居〕申し候を其のまま、我等〔私〕くび〔首〕とり申し候。

半分ほど紹介いたしました。仮名が多いのは、部将・下級武士を問わず、当時の武士の教養の程度を示しています。漢字を自在に使えるのは、右筆（書記官）など、文章を書くことを職業とする、一部の人たちだけでした。

それでは、内容を略述いたします。

野々口西太郎坊を物頭（部隊の長）とする本城惣右衛門たちは、備中（岡山県西部）で毛利方と戦っている羽柴秀吉支援のために丹波の亀山城（京都府亀山市）を出発し、京都と摂津（大坂府北部と兵庫県東部）の境、山崎（京都府大山崎町）を目ざしていましたが、途中で「京都へ」との命令変更がなされます。

惣右衛門は、信長公が京都にいることを聞いておりません。それゆえ、徳川家康が上洛したことは聞いており、おそらく家康を討つのだろうと思っていました。目ざす場所の「ほんのう寺」については場所も何も知りません。

軍列のなかより騎乗の武士二人が前に出てきました。惣右衛門は、大将の斎藤内蔵助利三の子息と家来の小姓、と思います。二人は走り出します。本能寺への案内役です。徒武《かち》者の惣右衛門たちは、走ってあとを追います。片原町に至ると、二人は北へ向かいます。

橋の側に、人が一人いました。武装していたのでしょうか、それとも農民か町人だったのでしょうか、惣右衛門は、誰何《すいか》することもなく、首を切り落としています。

内容で興味深いことの第一は「家康さま」のことです。

遠江浜松城主の徳川家康は、安土城を訪れ、信長に駿河拝領のお礼を申し上げたあと、信長の勧めを受けて、信長嫡男の信忠を案内役に、京都に滞在し、その後に大坂・奈良など畿内見物に出かける予定でした。

五月二十九日の信長上洛を知ると、信忠は京都に残ることにし、家康一行は当日早朝に京都を離れ、大坂に向かいます。信長が二、三十人の小姓とともに入京したのは、その日の午後のことでした。

案内役の信忠も、家康とともに大坂に向かっていれば、命を落とさずに済んだかもしれませんが、嫡男の信忠としては、父の上洛を知り、そのまま京都を離れることができなかったのです。

斎藤内蔵助利三の子息で、襲撃に参加したのは、二男の利康（十九歳）と三男の利宗（十六歳）です。軍列の前に出てきた子息は二人のいずれかということになりますが、著者は「子息」が利康で、「小姓」と見られたのが利宗であり、ここは兄と弟の二人と判断します。

それでは、紹介を続けましょう。

それより内へ入り候えば、もん〔門〕はひらいて、ねずみ〔鼠〕ほどなる物なく候いつる。其のくび〔首〕もち候て、内へ入り申し候。さだめて、弥平次〔明智秀満〕殿ほろ〔母衣〕の衆二人、きた〔北〕のかたよりはい〔入〕り「くび〔首〕はうちすて〔打ち捨て〕」と申し候まま、どう〔堂〕の下へなげ〔投げ〕入れ、おもて〔表〕へはいり候えば、ひろま〔広間〕にも一人も人なく候。かや〔蚊帳〕ばかりつ〔吊〕り候て、人なく候いつる。

くり〔庫裏〕のかたより、さげがみ〔下げ髪〕いたし、しろ〔白〕きき〔着〕る物き〔着〕候て、我等〔私〕女一人とらえ申し候えば、さむらい〔侍〕は一人もなく候。うへさま〔上様〕（は）しろ〔白〕きき〔着〕る物め〔召〕し候わん由、申し候えども、のぶなが〔信長〕さまとは存ぜず候。其の女、さいとう蔵介〔斎藤内蔵助〕殿へわた〔渡〕し申し候。ねずみ〔鼠〕もい申さず候いつる。

御ほうこう〔奉公〕衆は、はかま〔袴〕・かたぎぬ〔肩衣〕にて、ももだち〔股立ち〕とり、二、三人、どう〔堂〕のうち〔内〕へ入り申し候。そこにて首、又一つとり申し候。其物〔者〕は、一人おく〔奥〕のま〔間〕より出、おび〔帯〕もと〔取〕りみいだ〔見出〕し申さず、刀ぬ〔抜〕き、あさぎ〔浅黄〕かたびら〔帷子〕にて出申し候。其の折りふし〔節〕は、もはや人かず〔数〕入り申し候。それをみ〔見〕、くずれ《ママ》申し候。我等〔私〕は、かや〔蚊帳〕つ〔吊〕り申し候かげへはいり候えば、かの物〔者〕いで、す〔過〕ぎ候まま、うしろよりき〔切〕り申し候。其の時、共にくび〔首〕以上二つとり申し候。ほうびとして、やり〔鎗〕くれ申

　　されし候。ののロ〔野々口〕さい〔西〕太郎坊にい〔居〕申し候。

一丁四方の本能寺の正門は蛸薬師《たこやくし》通りに面した南側にありました。大将の斎藤利三は南の正門、明智秀満は北の裏門より攻め入りました。それにしても、この史料からも、守備兵の少なかったことがわかります。

惣右衛門は、討ち取った首を持ち、境内に入りますが、門は開いているし、生き物は鼠ほどのものもいません。戦は終わっていたということでしょうか、それにしては死体の記述もありません。

北の門から入ってきた大将の明智弥平次秀満の伝令二人が「首は討ち捨てにせよ」と申すので、惣右衛門は堂の下へ投げ入れます。表座敷に入っても、広間には蚊帳が吊ってあるだけで誰もいません。

庫裏《くり》のほうから、下げ髪した、白い着物の女性が出てきたので捕らえましたが、武士は一人もいません。女性は「上様は白い着物を召されておられる」と言ったが、それが信長様のこととは思いませんでした。その女性は内蔵助殿に渡しますが、相変わらず鼠一匹いません。

信長様の近習衆二、三人が、袴・肩衣姿で股立ちを取り、堂内に入ります。惣右衛門はあとについていったのでしょうか、堂内で一人切り、首をとります。

その男は浅黄の帷子姿で帯を付けておらず、刀を抜いて出てきたのですが、味方が大勢入ってきたので、彼は姿を隠し、惣右衛門も蚊帳のかげに隠れて見ていたら、彼が出てきて前を通り過ぎたので、後ろから切りました。

結局、惣右衛門は、この首とさきほど堂の下に投げ入れた首の二つを物頭の野々口に示したのでしょうか、褒美として鎗をもらいました。このときは野々口西太郎坊のもとに属していたのです。

野々口西太郎坊は、丹波野々口（京都府南丹市）の領主ですが、亀山（亀岡市）の金輪寺の山伏「西蔵坊」として、表門の大将斎藤利三の配下だったのです。

戦国時代は、神社の神主などの神職にある人や、野々口のように寺院に所属する山伏であっても、住居地域の小領主として大名の軍勢に名を連ねていたのです。

第三章

斎藤利宗と『乙夜之書物』

――光秀軍の残党が徳川家旗本に
なって遺談を残すまで

1 遺談の主・斎藤利宗のその後

山崎の戦いで戦場を離脱

遺談の主、斎藤利宗は、明智（惟任）光秀の筆頭家老利三の三男ですが、長兄が早世しているため、利三にとっては「二番目のせがれ」でした。

天正十（1582）年六月の光秀「謀反」に応じ、光秀の主君織田信長が宿泊する京都本能寺を襲撃する大将を務めることになった父に随い、次兄の利康（十九歳）とともに〝本能寺の変〟の渦中に身を置くことになったのです。ときに十六歳の若武者です。

第二章で紹介した遺談（『乙夜之書物』所載）の内、冒頭の三か条は、六月一日から二日にかけて、利宗が見聞した、小説より面白いドキュメントです。

主君を討った光秀は京都を掌中に収めますが、中国の毛利輝元と対陣中の中国方面軍司令官羽柴秀吉が毛利と和睦し、信じられないスピードの〝中国大返し〟で畿内にもどってくると、十三日に摂津と京都の境、山崎において秀吉との会戦となります。

大坂にいた神戸信孝（信長の三男）らの軍勢を合わせたため、数でまさる秀吉軍に押され、敗色が濃厚になると乱戦となり、光秀軍は敗走し、壊滅します。

利三率いる前線部隊は、秀吉軍先鋒の摂津高槻城主高山右近（キリシタン大名）の軍勢に対し、若武者利宗は勇ましく戦ったといいます。でも、乱戦になると、兄が戦死し、父とはぐれてしまい、戦場を離脱することになります。

父同様に、丹波にいる家族、母「於阿牟《おあむ》」と弟妹が心配だったと思いますが、家族のもとを訪れた形跡はありません。もちろん、会いたかったことでしょうし、とても心配だったことは疑いのないところです。

もっとも、母と弟妹たちは、〝山崎の戦い〟後、比叡山にのがれたという話があるようですから、丹波黒井城に向かっていたら、会えなかったかもしれません。

利宗は、落武者の体で畿内をあちらこちらと漂泊しますが、やがて髪を剃って僧形の姿となり「立本《りゅうほん》」と名乗って、世間から身を隠すことにしました。

秀吉に捕らえられる

でも、光秀軍に対する追捕がきびしくなり、ついに捕らえられてしまい、秀吉の命により、丹後宮津城主長岡(細川)忠興(父の幽斎〈藤孝〉は〝本能寺の変〟中に隠居)に預けられます。

忠興は、光秀の娘「たま」(のちのガラシャ)を妻としていることから、見知っている家老の若輩の息子を庇護する気持ちがあったのかもしれません(江戸時代の肥後熊本藩細川家の家中には、光秀の旧臣がいます)。このとき、忠興は二十歳です。

勝利者となった秀吉には、光秀与党であっても、利宗のような若者を赦す余裕があったのでしょう。しかし、預けられていたときに、利宗にとって〝迷惑な〟事件が起こります(『寛政重修諸家譜』)。

利宗の同族の斎藤某(忠興家中の武士)から秀吉に訴え(内容は不明)があり、利宗は秀吉自身による糾明を受けることになります。

糾明の場となったのは京都の北野天満宮の神前でした。秀吉の目の前で、熱い「鉄火」を握らなければなりません。少しでも火傷をしたら、利宗に罪ありとの裁決が下ることになります。

でも「鉄火」を掌《てのひら》に受けた利宗は、まったく火傷をしなかったといいます。天運があったとしても、現代人には信じられない話といえるでしょう。

図表16　斎藤利宗家 系図

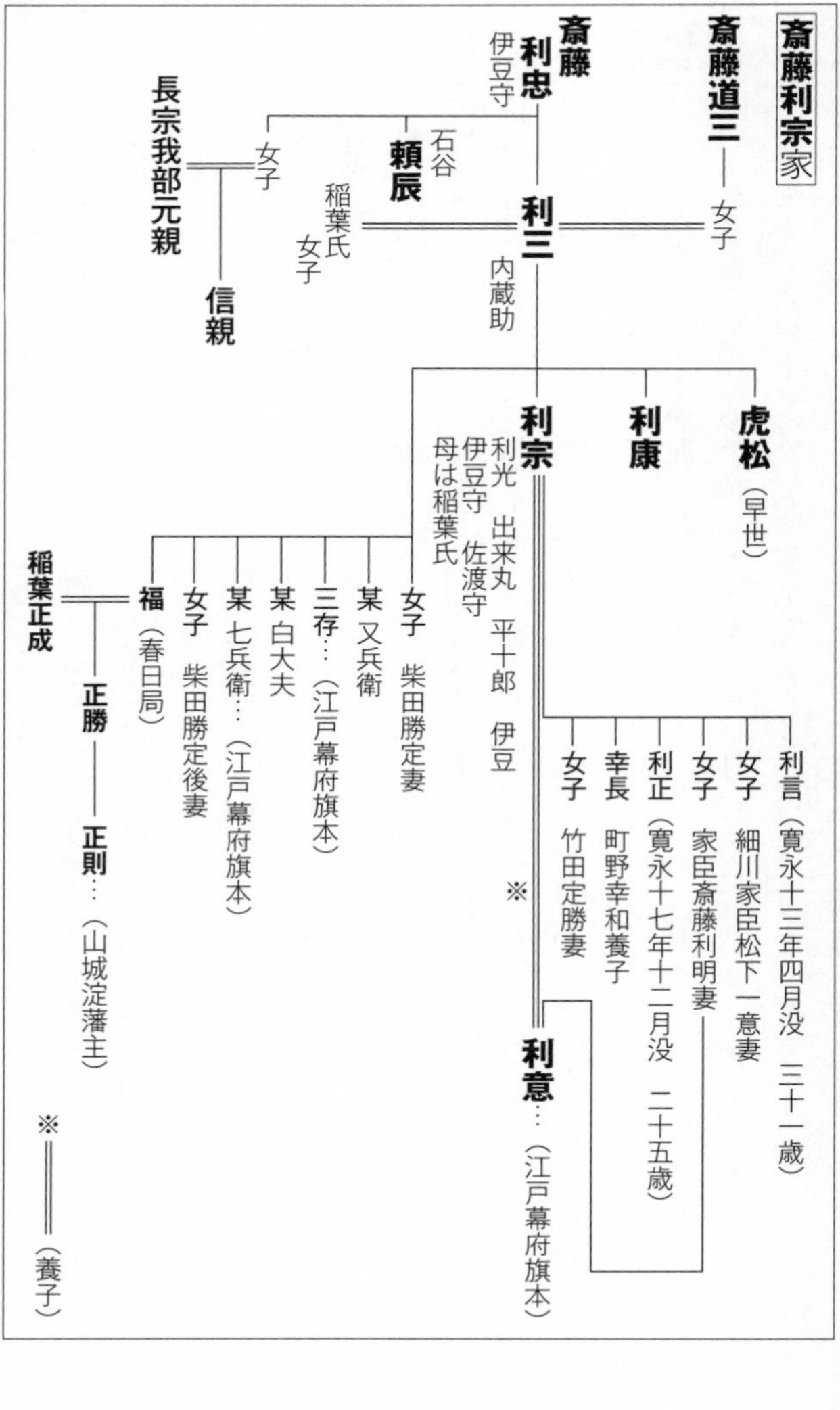

結果、訴えた同族の者が罰せられることになりました。

罪のないことが証明された利宗は、美濃の稲葉一鉄（良通）に預け替えとなります。

一鉄は、第二章の最後でふれたように、光秀にとっては「謀反」の理由（信長による打擲）の原因といえるトラブルの相手です。

実は、利宗にとっての稲葉一鉄は、母「於阿牟」（稲葉氏）の縁戚（本家筋）であり、本能寺の変後に「見捨て難い」として、母と弟妹を引き取って面倒をみてくれている、ありがたい存在でした。

利宗の子孫の家譜に、一鉄とのトラブルめいた話が伝わっていないことを思うと、利宗は、母と弟妹のことを考えて、遁世者《とんせいしゃ》らしく大人しくしていたことも考えられます。

近年の新出史料である『石谷家文書《いしがいけもんじょ》』に利宗と思われる人物の二通の手紙（天正十一〈1583〉年正月と三月）があり、父の兄で、土佐の長宗我部元親のもとにいる石谷頼辰宛てで、弟の家族を引き取りたいと申し出た頼辰と、自分が面倒をみると主張する一鉄のあいだに入って困った様子が記されています。

ちなみに、一鉄の頼辰宛ての手紙（天正十一年三月）から、利宗と家族が美濃の華渓寺《かけいじ》（一鉄の母の菩提寺。大垣市）にいたことがわかります。

一鉄のもとにとどまって十八歳になった天正十二（1584）年三月に、秀吉軍対織田信雄（信長二男）・徳川家康連合軍のあいだで、尾張が戦場となる〝小牧・長久手の戦い〟が勃発すると、七月二十七日に秀吉軍が、家康方の籠もる小牧山城に向かったときに小競り合いがあり、利宗が騎馬で徳川方に乗り入れて敵将を討ち取ったという話があります。

行人包《ぎょうにんづつみ》で顔を隠した法師武者の可能性もあり、絵になるのですが、前出の『石谷家文書』の二通の手紙では在俗の実名といえる署名です（二通の手紙は花押が同じですが、実名が違うのが悩みといえます）。

〝虎退治〟の加藤清正に仕える

利宗は、天正二十（1592）年にはじまり、翌文禄二（1593）年に和議を結んだ〝文禄の役〟に、肥後（熊本県）の北半を領する熊本城主加藤清正の軍に属して朝鮮半島に渡っています。清正に属したのは、天正十七（1589）年に稲葉一鉄が没していることと関係があるのかもしれません。二十六歳から二十七歳のときのことです。

秀吉の縁戚であり〝賤ヶ岳の七本槍〟の「加藤虎之助」で知られる清正は、利宗の朝鮮での軍功に感じ入り、帰国後に知行を加えて部将に取り立てます。

これにより、利宗は、法師姿を改めることとし、還俗して通称を「伊豆」とします。「伊豆」は受領名（従五位下相当の官途名）の「伊豆守」に通じる自称です。当時は、時代劇のように「利宗殿」と実名（諱《いみな》）で呼ぶことはなく、「伊豆殿」と通称で呼ぶのが一般的でした。

そして、三十四歳の慶長五（1600）年に起こった〝天下分け目〟の関ヶ原の戦いのときは、清正に従って熊本におり、肥後南半を領する小西行長の留守部隊との宇土（熊本県中部）での戦いで軍功を顕し、清正が戦後に肥後一国を領する大大名になると、五〇〇〇石を知行するようになります。

利宗は〝清正の十六将〟に列したといいます。

清正と〝蜜月〟ともいえる年月を送り、江戸幕府＝徳川将軍家の時代を迎えます。

関ヶ原の戦い以来、戦乱がありません。平和な時代が到来した、といえるのですが、江戸の初代将軍家康・二代秀忠と大坂の羽柴（豊臣）秀頼（秀吉の子）とのあいだには、水面下にきな臭い愁いが伏在していました。

慶長十六（1611）年六月のこと、畿内より肥後の国にもどる途中の清正が船中で発病し、熊本到着早々に死去してしまいます。清正五十歳。

清正を失った五歳年少の利宗は、考えるところがあったようで、清正の子（忠広）に仕えることなく、知行を返上して熊本を去ることにします。

利宗の妻は加藤家の家臣の娘（松下氏）であり、六歳の長男利言《としのぶ》と娘（二人？）がいました。

利宗一行が向かったのは「美濃・近江の辺り」と家譜にみえます。残念ながら、具体的な場所は明らかではありません。

「美濃」は斎藤家の故地（守護代斎藤家の一族）ですが、父利三の家は室町将軍家の「奉公衆」とされており、明智光秀に仕えたことからも、「近江」に隠棲の可能性もあるように思います。

ちなみに、父の利三は、家譜に「京師《けいし》の白河」で自害とありますが、近江堅田《かたた》（大津市）で捕縛された、との説もあります。

いずれにしても、利宗は、人里離れた地を求め、家族とともに静かに暮らすことにしたのでしょう。気になるのは、弟妹や親戚との連絡の有無です。

この年、四十五歳です。四十歳が「初老」の時代ですから「老」に入っているといえますが、隠居暮らしは早すぎるかもしれません。

徳川家光の旗本となった経緯

その後、将軍家光の時代、寛永六（1629）年四月のこと、幕府＝将軍家の正史『徳川実紀《じっき》（大猷院殿御実紀《だいゆういんでんごじっき》）』に次のような記事があります。

二十五日、処士斎藤伊豆利宗、初めて奉仕し、この年采邑《さいゆう》〔知行〕五千石給う。これは、内蔵助利三が〔の〕男なり。

「処士」の斎藤伊豆利宗が、初めて将軍家（家光）に仕え云々、という記事です。「処士」は、仕官していない武士のこと。失職した「浪人・牢人」とは違います。利宗は、十八年前にみずから部将の地位を辞して隠棲していますので、やはり牢人とは違うといってよいでしょう。六十三歳ですから、本当の「老」になっています。隠棲地どのような理由があって、老齢になってから就職することにしたのでしょうか。隠棲地に近い大名家への就職なら、かつての令名《れいめい》・履歴を知り、若い藩士たちのお手本として、というようなこともありそうですが……。

実は、幕府・将軍家に仕えている妹「福」の招きを受けてのことでした。斎藤福は、利宗の妹で、家光の乳母として将軍家に奉公し、いまは将軍の私邸であり、将軍の妻＝御台所の生活空間となる「大奥」の差配をしています。

『徳川実紀』の記事に見える「内蔵助が男なり」は「内蔵助の娘」斎藤福を意識した表記といえますが、第二章を読まれた皆さんにとっては「謀反随一」と評された「張本人」利三の「せがれ」がどうして？……といったところでしょうか。

これは興味深い問題です。家光の祖父家康は、織田信長と長いあいだ同盟の関係にあった大名であり、信長との関係を思えば、採用してはまずいのではないか、というのは、ごもっともなご意見です。

それゆえでしょうか、研究者のなかには、本能寺の変の黒幕として家康の名をあげる方もおられます。大河ドラマ『麒麟がくる』でも、家康関与説を示唆していました。

でも、すでに当の家康が、愛孫の竹千代（家光）の乳母に福を採用しているのです。また、慶長二十（１６１５）年には、福の兄（利宗の弟）三存《みつなか》を旗本に迎えています（寛永二〈１６２５〉年没。遺児が家督を継承しています）。

利宗の名乗りである「伊豆」は、加藤清正に仕官したときのものです。つまり、処士となってからも「斎藤伊豆」と称していたことがうかがえます。武士としての誇りというより、清正との関係を忘れたくないための名乗りといえるかもしれません。

家光に仕えた年の内に与えられた知行五〇〇〇石は、清正に仕えていたときと同じというのも、福に尋ねられた利宗が、肥後時代を思い出して「五〇〇〇石」と答えたことによると思われます。

幕府では、三〇〇〇石以上が上級旗本ですから、それが利宗の〝望み〟だったとしても、やはり、妹の福のあと押しがあったことは間違いのないところです。

知行地として与えられた五〇〇〇石の地は、常陸の国真壁郡の内で、いまの茨城県筑西市内にありました（利宗の子孫に継がれ、幕末にいたっています）。

妹と甥（弟の子）がいる江戸で晩年を過ごすのもよいか、となったのかもしれませんが、翌寛永七（１６３０）年三月に番方（武職）の「御持筒《おもちづつ》の頭《かしら》」となり、同心五十人を預けられています（二年後に与力十騎が増えます）。そして名誉といえる「従五位下」に叙せられ、「伊豆守」を名乗ることを許されます。

六十四歳の利宗ですが、まだまだ働ける頑健な体の持ち主なのでしょう。相貌が伝えられておりませんが、八十一歳まで生きたことを考えると、著者のイメージは間違っていないように思います。

「御持筒の頭」は「御」が冠してあるように、将軍の使用する鉄砲を管理し、合戦や平和時の「御成」（将軍の外出）のときに持参する部隊の責任者です。同心五十人と与力十騎は、頭に所属する部下で、頭の指示で動きます。

合戦に関しては、のちに九州の島原半島や天草で大規模な一揆が起こりますが、将軍の出陣はありませんので、幕末の動乱時までは「日光東照宮」などへの御成にとどまります。福（「春日局」の称号を与えられるのは兄の仕官の翌年のこと）にとっても、相談できる実の兄が近くにいてくれるのは、何よりも嬉しいことだったのではないでしょうか。

江戸城北の丸に屋敷を拝領し……

利宗が与えられた屋敷は、北の丸（いまの北の丸公園の地）の内で、田安御門内にあります。127ページに掲載した上図『寛永江戸図』（寛永九〈1632〉年ごろ）の右上「コ」の字形の内濠の内が田安御門の内で、その千鳥濠側に「斎藤伊つ」（斎藤伊豆）とあるのが利宗の屋敷です。

北の丸には「かすか御つほね」（春日御局）の屋敷が本丸寄りにありますから、兄と妹の語らいは、容易といえます。

ふれるのが遅くなりましたが、利宗の妻（松下氏）と子どもたちも江戸に下ってきており、同居しています。子どもは隠棲地で二男利正・三男幸長と女子が生まれていますが、女子はみな嫁ぎ、三男幸長は養子に出ています。それゆえ、江戸に下ってきたのは、長男と二男の男子二人でした。

ところで、興味深いことがあります。十年ほど経った次ページの下図『寛永江戸全図』（寛永十八～十九〈1641～42〉年）をご覧ください。

屋敷の場所は同じですが、利宗の屋敷には「斎藤佐渡守」とあり、春日局の屋敷は少し西に移っており、そこに「春日」とあります。

利宗の通称（受領名）が「伊豆守」より「佐渡守」に変わったのは、なぜでしょうか。とても気になります。何より「伊豆」は加藤清正と利宗を結ぶ思い出のある通称です。

調べた結果は、意外な理由でした。将軍家光の側近に松平伊豆守信綱がいます。〝知恵伊豆〟で知られたブレーンです。実は、信綱が幕閣の老中に列したことにより、幕臣や大名は「伊豆守」の名乗りを遠慮します。

利宗も、例にもれず「伊豆守」を改め、「佐渡守」としたのです。寛永十（1633）

図表17　斎藤伊豆守利宗邸と春日局邸（『寛永江戸図』より）

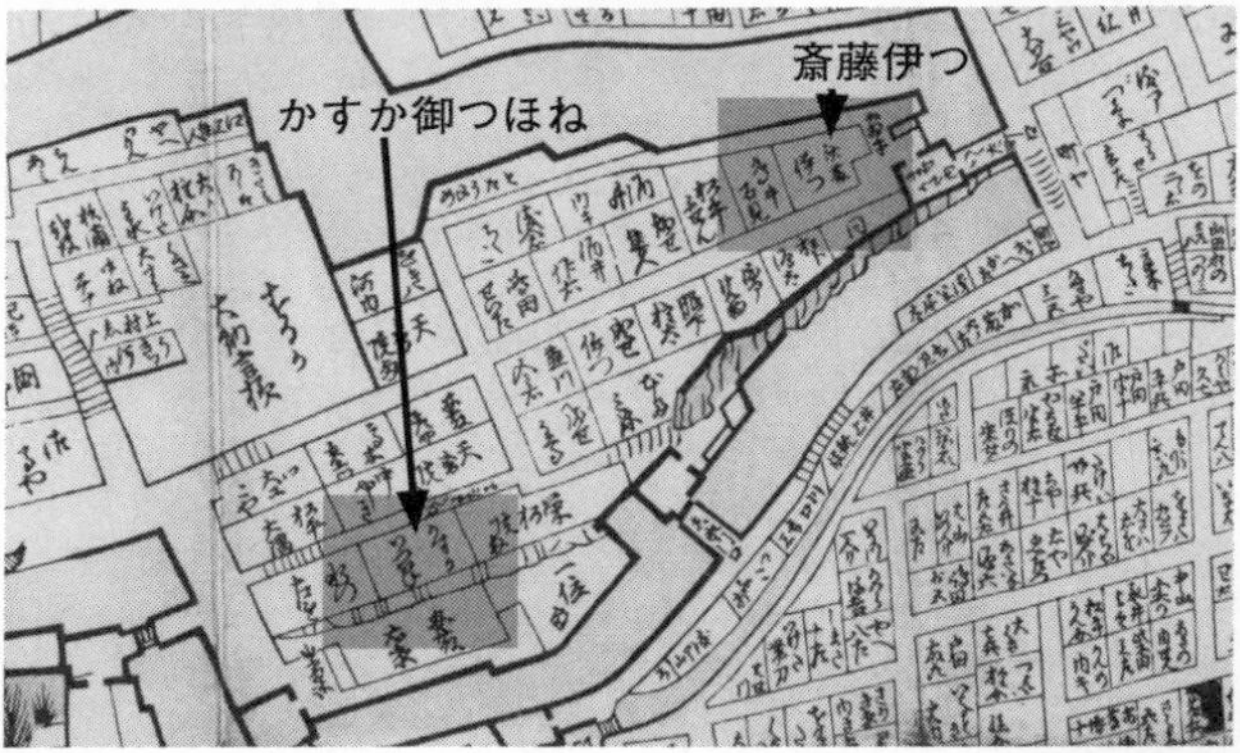

国立国会図書館所蔵

図表18　斎藤佐渡守利宗邸と春日局邸（『寛永江戸全図』（寛永19～20年）より）

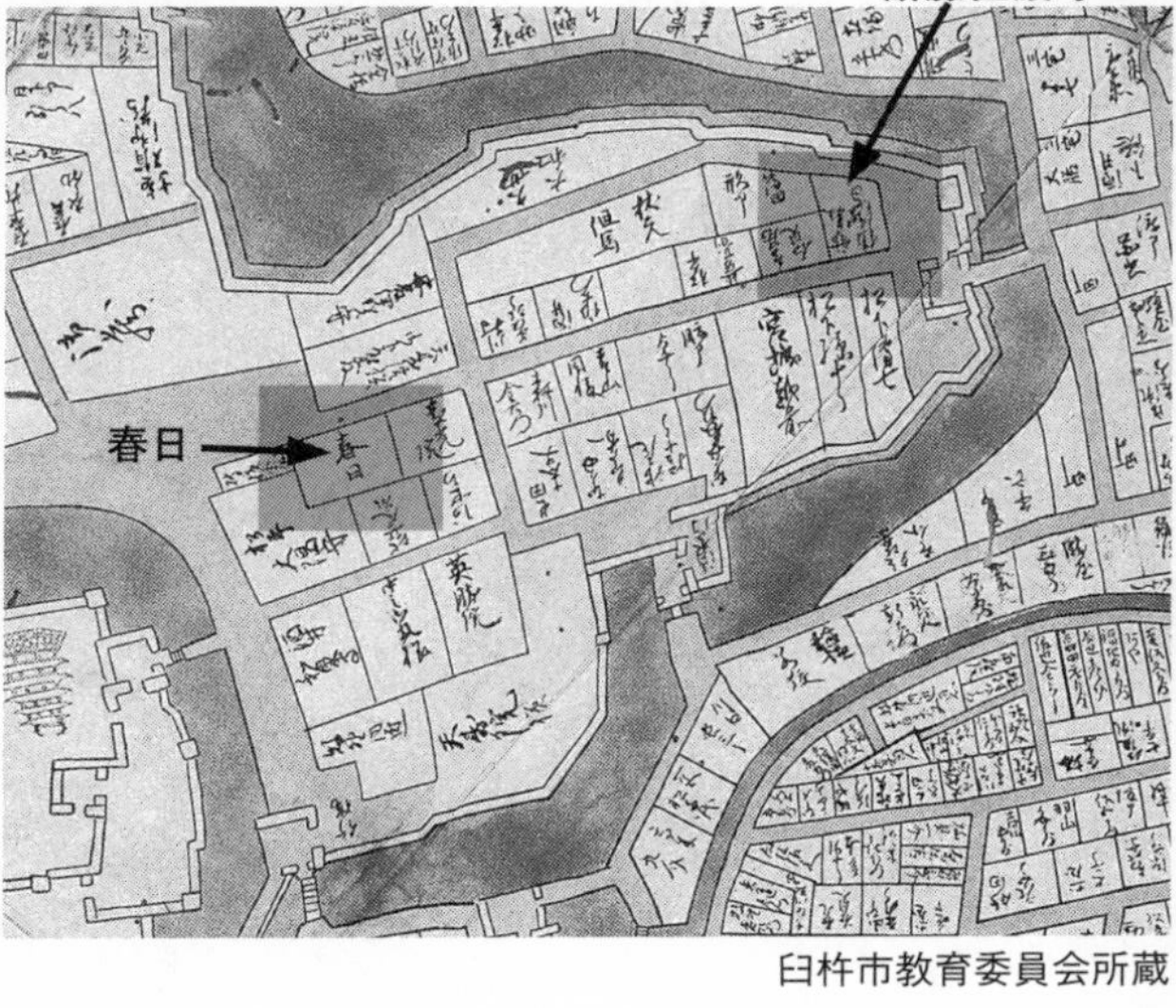

臼杵市教育委員会所蔵

年五月ごろのことです。隠居したわけではないので、利宗は「斎藤佐渡守」として仕事を継続しています。

この年、六十七歳になりますので、あと三年で「古来稀なり」と読まれる「古稀」に達します。

余談ですが、七十歳以上を「極老」といいます。読みは「ごくろう」です。「老を極める」とは素敵だと思いませんか。著者も、その世代となりました。

さて、天正十（1582）年六月に命拾いした利宗は、乱世を生き抜き、江戸の泰平の世を享受しています。何と素敵な人生ではないでしょうか。

佐渡守を称したころ、春日局こと、福より頼まれごとを相談されています。

福には、離縁した夫（稲葉正成）とのあいだに三人の男子があり、三人とも福が引き取って育ててきました。

長男の正勝（相模小田原城主）は、乳兄弟の家光の御小姓となり、元和九（1623）年より年寄・老中となって家光を補佐してきましたが、寛永十（1633）年の夏のころより体調を著しくくずしてしまいます。

母の福は、兄を頼ることにし、正勝の嫡男（二男）正則（十一歳）の後見を依頼したのです。もちろん、利宗は承諾しました。

正勝は翌寛永十一（１６３４）年一月に没してしまいます（三十八歳）ので、十二歳の正則が家督を相続し、利宗が後見となります。

後見は、正則が十六歳となり、元服するまでの四年間続きます。正則にとっては、祖母の兄、大おじです。利宗は妹のために、六十八歳より古稀を過ぎた七十二歳までの四年間、頑張って大役を果たしたのです。

やはり、利宗は、稀に見る頑健な体に恵まれた人物といえます。

2　斎藤利宗遺談と進士作左衛門遺談

斎藤利宗が井上清左衛門に語り継ぐ

第二章で紹介した『乙夜之書物』に収載された斎藤利宗遺談の三か条目の本文に続いて、一字下げで次のような記事があります。

右三か条は斎藤佐渡守殿の話、と井上清左衛門が語りました。斎藤佐渡守は内蔵助の子息であり、清左衛門は内蔵助の孫で、佐渡守のおい［甥］とのこと。

利宗が「伊豆守」を「佐渡守」と改めたのは、前述のとおり六十七歳となった寛永十（1633）年五月ごろのこと。つまり、利宗が「おい」の「清左衛門」に「三か条」の話をしたのは、寛永十（1633）年五月以降となります。

遺談の年次が特定できないのは残念ですが、仕方ありません。

「老」を迎えた利宗は、頑健であり、妹の福の孫、稲葉正則の後見を務めたあとも、隠居することなく、現役の斎藤家当主として勤務を続けており、七十七歳となった寛永二十（1643）年三月には、越後（新潟県）村上城主堀直定が改易されたとき、家光の命を受けて、越後に赴き、城受け取り役を務めています。

没したのは、四年後の正保四（1647）年五月四日のことで、八十一歳でした。利宗が仕事で越後村上に赴いた寛永二十（1643）年の九月に六十五歳で没した福の眠る、湯島の麟祥院《りんしょういん》に葬られています（以後、福が開基となった麟祥院が、利宗の子孫の菩提寺となります）。

右の没年から、利宗が「おい」の井上清左衛門に〝本能寺の変〟の秘話を語ったのは、六十七歳の寛永十（１６３３）年五月から八十一歳の正保四（１６４７）年五月の十四年のあいだということになります。

まずは「おい」井上清左衛門の素性・履歴を探ってみました。

清左衛門は、加賀藩士井上家の二代目で、実名を「重盛」といいます。

井上家の初代は、父の兵左衛門で、備前中納言宇喜多秀家に仕えていたのですが、関ヶ原の戦い後に秀家が改易されると牢人となり、大坂の陣後の元和二（１６１６）年になってから、加賀藩前田（松平）家の二代藩主利光（利常）から一二〇〇石の知行を与えられて加賀藩士となりました。

清左衛門は光秀旧臣の孫

加賀藩士井上家の系譜には、兵左衛門の妻（清左衛門の母）は柴田勝家（織田信長の重臣）の家臣「堀源左衛門」の娘とあります。

ところが、利宗の家譜には、妹二人に「柴田源左衛門某が妻」「姉死してのち源左衛門某が後妻」とあるので、源左衛門は「堀」なのか「柴田」なのか悩みますが、源左衛門の履歴を調べると、柴田勝家に仕えていたときに「柴田」の名字を与えられ、本能寺の変後に秀吉の大名となった堀秀政に仕えて「堀」を与えられたと推測するにいたりました。

つまり、兵左衛門は、堀秀政家臣の堀源左衛門の娘を妻に迎えたため、妻は「堀源左衛門女《むすめ》」と記録されたことになります。

兵左衛門の父（土佐守）は堀秀政の家臣でしたから、堀家の家臣井上家の息子と堀（柴田）家の娘の結婚だったと推測することもできそうです。

いずれにしても、兵左衛門は斎藤利宗の姪の婿（義理の甥）であり、清左衛門は利宗の姪を母として生まれたので、正しくは利宗の「大甥」ということになります。

ここで、柴田（堀）源左衛門尉勝定に言及します。

源左衛門は、はじめは信長重臣の柴田勝家（北陸道軍司令官）に仕えましたが、天正七（1579）年ごろに勝家とのあいだに問題が生じたようで、柴田のもとを離れて光秀に仕えています。

そして、翌天正八（1580）年に光秀が丹波一国を与えられると、氷上郡の支配を任された斎藤利三に属して、柏原城《かいばら》（八幡山城。兵庫県丹波市）の城将となります。

斎藤利三との関係から、源左衛門は、利三の娘（利宗の妹、名前不詳）を妻としましたが、まもなく没したため、その妹（名前不詳）を「後妻」にしたと推測されます。

源左衛門は、舅《しゅうと》の利三とともに本能寺の変に参加したと思いますが、遺談には名前が見えません。

消息が明らかになるのは、十三日の〝山崎の戦い〟のときで、利三とともに二〇〇〇人を率いて先鋒を務めています。

利三は、第二章でふれたように、合戦の混乱のなかで、息子の利宗とはぐれてしまい、せがれを捜す決心をして、光秀の本陣に赴き、暇乞いをして戦線を離れています。

結局、光秀軍が敗戦するにともない、戦場を離脱し、妻の待つ丹波柏原にもどった可能性もあります。

のちに、堀秀政（近江長浜→近江佐和山→越前北庄）に仕えるなかで、名字を許されて「堀源左衛門尉」と改めます。

堀家では重臣の一人になりますが、家中での対立により、牢人したようです。

この源左衛門と妻（利宗の妹）の娘（名前不詳）と井上兵左衛門のあいだに生まれた息子が、清左衛門でした。

つまり、井上清左衛門重盛は光秀旧臣の柴田源左衛門尉勝定の血を受けていたのです。

「他言無用！」の真相秘話

清左衛門については、寛文九（1669）年の加賀藩『寛文侍帳』に、

井上清左衛門　七十　千五百石

と見えるので、寛文九年に「七十歳」であることがわかり、逆算すると、関ヶ原の戦いのあった慶長五（1600）年の生まれとなります。

清左衛門の生まれた年は、父兵左衛門と母（柴田源左衛門の娘）にとって多難な年でした。兵左衛門が仕える主家の宇喜多秀家は石田三成の西軍に加担したため、関ヶ原の戦いに敗れて没落してしまいます。

兵左衛門は〝落武者〟となり、赤子を抱えた、または身重の妻とともに山野をさまよったことも推測されます。

清左衛門は、祖父と父が〝落武者〟となった〝戦国の血〟を受け継いでいたのです。

図表19　井上清左衛門家 系図

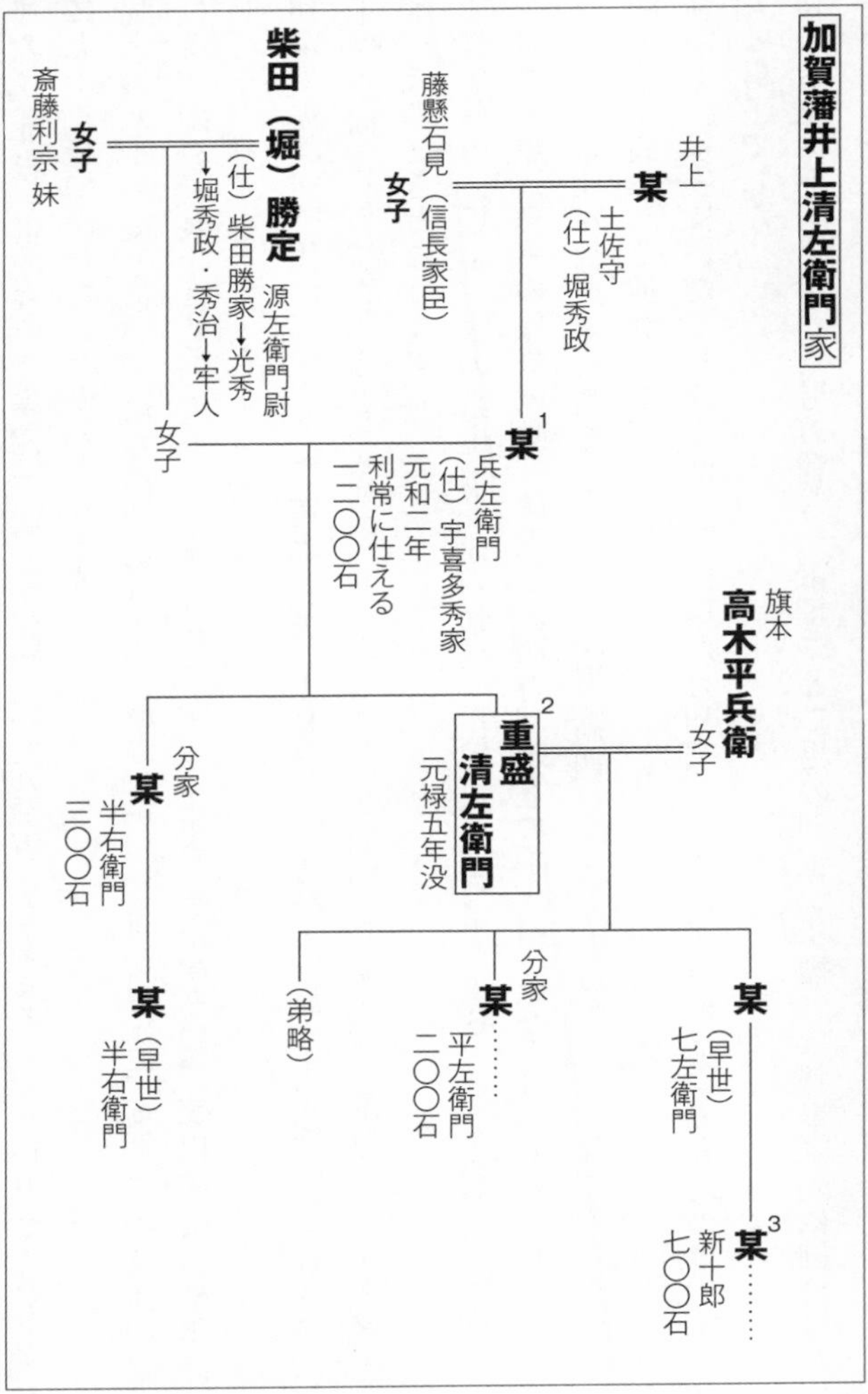

また、没年は「井上氏」の系譜（『諸士系譜』）に「元禄五」とあるので、元禄五（1692）年に九十三歳で没したことがわかります。

利宗の八十一歳といい、清左衛門の九十三歳といい、17世紀（江戸前期）の武士のなかには、随分と長生きした人がいたことがうかがえます（ちなみに、徳川家康の享年は七十五）。

利宗の佐渡守時代は、六十七歳（寛永十年〈1633〉）～八十一歳（正保四年〈1647〉）の十四年間でしたから、清左衛門が利宗から秘話を聞いたときの年齢は、三十七歳～五十一歳のときとなります。

加賀藩前田（松平）家の当主は二代利常→三代光高《みつたか》（当主＝1639～45）の時代で、江戸の上屋敷（当主の住む屋敷）は大手御門外、現在の千代田区大手町にありました。

寛永十一年～正保三年のある年のこと、清左衛門は、むかし話を聞くために「大おじ」の利宗を訪問したと推測してみます。

利宗宅に家族はいたでしょうか。隠棲地から利宗と一緒に江戸に下ってきたのは、妻と二人の男子でした。

妻の消息は不明です。長男の利言（市正）と二男の利正（伊織）は将軍家光に御目見《おめみえ》したのですが、兄の利言が寛永十三（1636）年四月に三十一歳で没し、弟の利正も家光の御小姓になるものの、寛永十七（1640）年十二月に二十五歳で没してしまいます。

つまり、寛永十三（1636）年三月までの訪問なら、二人とも健在ですが、寛永十三（1636）年五月～寛永十七（1640）年十一月なら利正がおり、寛永十八（1641）年以降なら、子どもはいなかったことになります。

寛永十八（1641）年（利宗七十五歳、清左衛門四十五歳）以降の訪問だったとしたら、利宗にとって、清左衛門は子ども代わりだったといえるかもしれません。

清左衛門は利宗からむかし話を聞くのを楽しみとしており、利宗もまた熱心に聞いてくれる清左衛門を歓迎したことが推測されます。

この日、利宗は重い口を開いて、初めて本能寺襲撃のこと（遺談冒頭の三か条）を語ったのではないでしょうか。

話を聞いた清左衛門は、驚いたことでしょう。あるいは、小瀬甫庵の『信長記』（元和八〈1622〉年成立）などを読んでいたかもしれませんので、話の違いに興味をいだいたことは疑いありません。

そして、後日訪問したときに「ほかに、お話しくださることはございませぬか」と尋ねたところ、利宗は「のちに聞いた話だが……」と前置きし、明智左馬助の〝湖水渡り〟の話を語ったと推測します。

清左衛門には、さらに尋ねたかったことがあります。それは「謀反」の理由に関することです。でも、訪問の日程が調整できず、随分と後年（利宗の最晩年）になって、ようやく機会を得たように思います。

思い切って尋ねてみると「他言は無用！」と述べ、語り出したのが『政春古兵談』に収録された信長の光秀打擲の話だったと考えます。利宗が口止めを求めたのは、利宗の父、利三に関係があったことによるのでしょう。

もう一人の遺談の主・進士作左衛門とは？

本能寺の変のもう一人の遺談の主、進士作左衛門（初代）は、室町幕府＝将軍家の奉公衆です。

十五代将軍義昭が追放されたとき、義昭に随わず、京都に残った同僚（幕臣）とともに明智光秀に属し、譜代衆を形成します。

それゆえに、本能寺襲撃のときは、光秀に従って「鳥羽」にいたのです。

光秀が、本能寺の火災を遠望し、京都市内に向かって動き出したとき、光秀を追って市内に入り、織田信忠の立て籠もる二条御所の攻撃に加わったため、同僚との〝活躍〟を語ることになりました。

〝山崎の戦い〟での同僚との〝活躍〟話がないのは、光秀の本陣の守備についていたことによるのでしょう。そのおかげで、前線にいた斎藤利三の〝暇乞い〟と〝せがれ利宗の捜索〟の話を語ることができたのです。

結局、作左衛門は討たれることもなく、丹後宮津の長岡（細川）幽斎（藤孝）・忠興父子を頼ったと記す後世の史料があります（肥後熊本藩細川家の『綿考輯録《めんこうしゅうろく》』）。

慶長五（１６００）年の〝天下分け目〟の関ヶ原の戦いのとき、大坂の屋敷にいた、忠興の妻「たま」（ガラシャ。光秀の娘）が〝自害〟同然に亡くなりますが、戦後、嫡男忠隆の妻「千代」（前田利長の妹）が同じ屋敷にいながら「たま」に殉じなかったことを忠興が責めたため、「千代」は前田家に帰されることになりました（忠隆は廃嫡となります）。

このとき、作左衛門（初代）が、離縁させられた「千代」に従って前田家にお供したという話があります（『綿考輯録』）。

二代目作左衛門が政春に伝える

加賀藩士のことを記す『諸士系譜』によると、二代目作左衛門は、弟とともに、加賀前田家二代（のち、加賀藩主初代）利長（当主＝1599〜1605年）に仕え、七〇〇石の知行を与えられています（弟は三〇〇石）。

加賀藩士となった二代目作左衛門は「使番《つかいばん》」の職（藩主の名代として御使いを務める役職）にあり、加賀藩二代藩主松平（前田）利光（のち、利常）に随い、慶長十九（1614）年冬と翌慶長二十（1615）年夏の大坂両陣に参加しています。

そして、そのときから五十年前後がたった寛文年間（1661〜73）に、父の作左衛門より聞いた遺談を五十代前半の加賀藩士関屋政春に語ったのです。

寛文九（1669）年に『乙夜之書物』の上巻をまとめた政春は、作左衛門の遺談（本文）に続けて次のように書いています。

四か条目。

……と、進士作左衛門が（息子の）二代目作左衛門に常に語っていた、と（二代目作左衛門が）私［関屋政春］に話してくれました。

五か条目。

……と、これも同人〔二代目作左衛門〕の話です。

二代目進士作左衛門も、井上清左衛門と同じように、長生きしたおかげで政春に出会ったのでした。幸いなことに、父の作左衛門は、息子の二代目作左衛門に本能寺の変の話を「常に語っていた」ので、二代目作左衛門の記憶は、極めてといってよいほど鮮明だったことになります。

3『乙夜之書物』の編著者・関屋政春

加賀藩士関屋新兵衛政春とは？

まずは、関屋政春（新兵衛）の履歴を記しましょう。『乙夜之書物』と『政春古兵談』などの著作があることから多くの加賀藩士のなかで著名といえる人物であり、生没年や役職のことなど、比較的明らかといえます。

父は美濃野村藩主織田長孝（信長の弟長益の子）の家臣でしたが、主君の長孝が慶長十一（1606）年に死去してしまい、嗣子《しし》がないため絶家となり、牢人となります。

政春は、牢人の子として慶長二十（元和元、1615）年に生まれ、十九歳のときに加賀藩士に採用されています。

以下、年譜風に紹介すると、次のとおりです。

十九歳　寛永十（1633）年　加賀藩二代藩主松平（前田）利常に仕える。
知行二百石。藩主警固や伝令を務める騎馬の馬廻組に属する。

三十一歳　正保二（1645）年　綱紀《つなのり》が四代藩主になると「大小将組」に転ずる。

六十三歳　延宝五（1677）年　三百五十石となる。

その後、使番・先筒頭（先鋒となる銃砲隊の責任者）を歴任。

七十一歳　貞享二（1685）年十二月没。

政春は、鎗術《そうじゅつ》が巧みでした。また、四十代前半の明暦年間（1655～58）に兵学者山《やま》鹿素行《がそこう》に兵法を学び、利常の子（利明）の侍講となり、兵法を講じる兵法家となります。

寛文九（1669）年成立の『乙夜之書物』上巻と中巻は五十五歳のとき、寛文十一（1671）年成立の下巻は五十七歳のときの集録であり、延宝七（1679）年成立の『政春古兵談』は、六十五歳のときの集録です。

前記の年譜によると、右の時期は殿様側近の「大小将組」（加賀藩の職制）に在籍していたときのことになります。

寛文九（1669）年成立の上巻には「江戸本郷にて記す」とあり、中巻には「後［閏］十月十一日ノ夜筆／クルワ丁［曲輪町？］」とあるので、上巻は江戸にいたとき（春＝正月～三月）に執筆、中巻は参勤交代で金沢に帰った閏十月に自宅で書いたことがわかります。

利宗遺談との出合い

江戸での加賀藩前田家の上屋敷は、四代将軍家綱の明暦三（1657）年正月に起こった未曽有の「酉年の大火」のあと、大手御門外（千代田区大手町）より、それまで下屋敷だった本郷（文京区の東京大学の地）屋敷に移っています。

藩主は、参勤交代で一年ごとに江戸と国許の金沢を往来しなければなりません。「大小将組」の組士だった政春は、藩主に付き随い、参勤交代のお供をする必要がありました。五十代前半の政春にとって、兵法家だったとはいえ、毎年の江戸↔金沢往来の道中は難儀だったことでしょう。

でも、若いときより、隠居した藩士（古老）からむかし話を聞くのが大好きだったと『乙夜之書物』に記しているので、金沢にいるときの一年は、古老たちに会い、むかし話を聞いていたと思います。

寛文年間（1661～73）のある年のこと、勤務の合間に会った井上清左衛門より、将軍家の旗本斎藤佐渡守利宗の遺談を聞くと「これは！」と驚いたことが推測されます。

利宗の話は、天正十（1582）年六月一日の丹波亀山城での話にはじまり、翌二日早朝の京都本能寺（織田信長の宿泊所）襲撃まででした。なかで「謀反」の光秀が本能寺襲撃の指揮をとらずに、南郊の鳥羽に控えていたという話は、政春にとって衝撃でした。

「この続きとなる話が欲しいものだ」と政春は思い立ち、ようやくに出合ったのが進士作左衛門（二代目）の遺談ということになります。

作左衛門の遺談により、本能寺襲撃の指揮をとらず、鳥羽に控えていた光秀のその後の動向（織田信忠襲撃を指揮したこと）がわかりました。

作左衛門は、父の初代作左衛門より、信忠攻めのときの〝武功咄〟や、十三日におこなわれた羽柴秀吉軍との〝山崎の戦い〟に至るまで、しっかりと話を聞いていたため、政春はこれで十分と思い、満面の笑みを浮かべたことは疑いありません。

政春が寛文九（1669）年に上巻を書き上げたときは、利宗遺談が三か条プラス一か条（明智左馬助の〝湖水渡り〟）、加賀藩士恒川斎仁の物語が一か条（本能寺での信長の逸話）、そして進士作左衛門の遺談が五か条、計十か条となっていました。

でも、このときは、本能寺襲撃の〝原因・理由〟についてはは思いが至っておりません。

『乙夜之書物』下巻の成立＝寛文十一（1671）年以降に、井上清左衛門に会ったとき「本能寺襲撃の原因にかかわる話を、利宗殿より聞いておられませんか」と尋ねたところ、「利宗殿か、ほかのご仁の話か定かではないが……」と前置きして清左衛門が語った話が『政春古兵談』に所載された〝信長の光秀打擲〟だったのだろうと推測されます。

それゆえ、政春は『政春古兵談』には『乙夜之書物』上巻に記したように「斎藤佐渡守殿物語の由、井上清左衛門語る」とせずに「井上清左衛門語る」と記しています。

また、政春は気が付いたと思います。清左衛門の話は、上巻と同じ年に成立した『乙夜之書物』中巻に所載した、本能寺の変の「当時の人びとの噂話」に似ている、と。
政春は貞享二（1685）年まで生き、清左衛門は元禄五（1692）年まで生きているので、その後も二人が会う機会はあったと思いますが、政春は清左衛門に確認する必要を感じなかったのかもしれません。
『乙夜之書物』上巻の末尾に、次のような記事があります（中巻・下巻もほぼ同様な文章です）。

右（の話）は、私が若いときより、これまでに聞いた物語のうち、耳にとまり、首尾がおもしろいことどもを思い出した順に書き付けたものです。他人に見せてはなりません。以上です。

関屋新兵衛（花押［署名］）

寛文九年江戸本郷にて記す
関屋市右衛門殿
同　十三郎　殿
同　小三次　殿

「新兵衛」は、政春の通称です。江戸時代は先にも述べたように、「政春」という実名（諱）を日常的に記すことはほとんどありません。みずからも「関屋新兵衛」と名乗り、相手からも「新兵衛殿」と呼ばれていました。

宛て名の「関屋」名字の三人は、新兵衛（政春）の子どもたちと思われます。

この文言から、政春が、『乙夜之書物』を子どもたち、子孫のための〝秘書〟としたことがわかります。門外不出の関屋家秘書として子子孫孫に伝えることを記したことになります。

本能寺の変の真相を語る貴重な斎藤佐渡守利宗遺談と進士作左衛門貞連遺談は、利宗の大甥の井上清左衛門重盛と二代目進士作左衛門の二人から関屋新兵衛政春に語られ、政春が寛文九（１６６９）年に、これまでに聞いた数多くのむかし話とともに『乙夜之書物』上巻に収録したのです。

なお、書名の「乙夜之書物」は、毎晩（のように）、亥《い》の刻（二更《にこう》、乙夜。午後10時ごろ）になると文机に向かい、むかし話を思い出しながら書き綴ったもの、との意となります。

そして、下巻の成立以後に聞いた話が、下巻の成立から八年後の延宝七（１６７９）年の末尾書きがある『政春古兵談』に収載されることになります。

『乙夜之書物』上・中・下巻の三冊は、関屋家の子孫に門外不出の秘書として伝えられましたが、『政春古兵談』は筆写本として流布しました。

現在、『乙夜之書物』の政春自筆本三冊と『政春古兵談』の写本（加賀藩士有沢武貞が享保二十一年〈1736〉に政春自筆本〈仁の巻〉を筆写）一冊が、加賀藩士の井上家、進士家、そして関屋家ゆかりの地、石川県金沢市の金沢市立玉川図書館近世史料館の所蔵となり、県民の方や全国の研究者のために原本の閲覧や複写サービスなどが可能となっています。

第四章

〝三日天下〟の真実

――古文書解読でわかった「本能寺の変」のその後

1 その後の「本能寺の変」

光秀、襲撃を指揮せず鳥羽に待機

新史料〝斎藤利宗遺談〟で語られた光秀は、六月一日の丹波亀山城（京都府亀岡市）での軍議の席で「謀反」を思い立ったと告白しますが、同席の家老や侍大将は一瞬の驚きがあったものの「なぜ？」との反応はありません。

むしろ、家老や侍大将は、光秀が「謀反」を思い立つのを、いまか、いまか、と待っていたとさえ思えるのです。

筆頭家老の斎藤利三（内蔵助）は、光秀の告白を受けて、本能寺に宿泊している織田信長を襲撃する総大将を、新参家老の明智秀満（弥平次）とともにみずから買って出ております。

襲撃の段取りや手配りなど、遺漏なく軍議を尽くした上で、光秀軍一万余は夕方に亀山を出発します。

将兵は「中国出陣！」との触れに応じて参集していますので、西国街道経由で摂津大坂（大阪府）に向かうため、京都方面の老の坂を越えて山崎に至るものと思っています。ところが、山崎に向かう途中（沓掛村《くつかけむら》）で道を左にとり、桂川に向かいます（73ページ図表7参照）。川辺で食事休憩との触れがあり、その最中に、京都四条の本能寺（法華宗寺院）に向かう、との再度の触れがあります。

将兵のなかには、京都滞在中の「徳川家康を討つのだろう」と思い込んだ者もいました（『本城惣右衛門覚書』）。

桂川を渡ると、光秀軍は二手に分かれ、利三と秀満が率いる二千余は京都市内に向かいますが、光秀と本軍は京都南郊の「鳥羽」（京都市南区）に控え、そこに滞陣して首尾を待つことにします。

これも、軍議で決まったことと推測されますが、光秀が襲撃の指揮をとらないという話は、これまでの史料に一切見えない、まったく〝新たな史実〟です。大河ドラマでは、本能寺門前の馬上の光秀と水色「桔梗《ききょう》」（明智家の家紋）の旗印が印象的でした。

では、なぜ光秀は「鳥羽」に控えることにしたのか？

第一章で述べたように、光秀と信長は、出会ったとき以来、長いあいだ〝蜜月〟といえる関係にありました。

信長は、尾張（愛知県西部）以来の家臣である柴田勝家や羽柴秀吉ではなく、光秀を畿内にとどめて「天下布武」に邁進し、天下統一を目前とするに至ります。まさしく光秀を側近として〝天下人〟となったのです。

光秀は、幕府（将軍義昭）と〝天下人〟信長に〝両属〟していた元亀二（１５７１）年に近江志賀郡を与えられ、信長の家臣としてはじめて近江坂本に居城を築くことを認められています。

この前後から、信長の軍事行動に供奉《ぐぶ》するようになり、軍才を認められて、天正三（１５７５）年には〝丹波攻め〟を命じられました。

摂津（大阪府北部・兵庫県東部）や大和（奈良県）など、畿内の援軍に赴くこともありますので、丹波攻めに苦労しますが、「与力」の国衆に恵まれ、天正七（１５７９）年に平定が成就し、翌天正八（１５８０）年に丹波一国の支配を認められます。

そして、同年八月、信長の筆頭家老で〝畿内軍司令官〟の地位にあった、佐久間信盛（三河刈谷城主）に〝追放〟の処分がくだり、光秀が〝軍司令官〟の地位を継承します。

つまり、光秀は〝天下人〟織田信長の家臣ナンバーワンに昇格したのです。

天正九（1581）年は、光秀にとって合戦のない、おだやかな年となります。二月には、京都で開催された〝御馬揃え〟（軍事パレード）を担当しました。正親町天皇の臨席があり、宣教師も観覧するなか、光秀も「大和・上山城衆」を率いて参加しています（中国在陣中の秀吉は参加しておりません）。

以上のように、信長と光秀は長いあいだ〝二人三脚〟といってよいほどの〝蜜月〟の関係にありました。

そのような光秀に、命の危険を感じさせる、思ってもいなかった出来事（信長の光秀打擲事件）が三月の武田家攻めのときにあり、その結果として、光秀は、已《や》むに已まれず「謀反」を思い立つに至ったのです。

信長を討つことを決断したとはいえ、本能寺でみずから襲撃の指揮をとることは辛いことだったに違いありません。

あるいは、家老の斎藤利三が光秀の思いをくみとり、大坂に滞陣する神戸信孝（信長三男、伊勢神戸城主）らが京都での異変を知り、上洛の軍を起こすことに備えるため、光秀に「鳥羽」在陣を勧めたのかもしれません。

光秀にとって、本能寺の火災を目にするまでの一時《いっとき》（2時間）は、走馬灯のように、信長との過ぎ去った日々が想い出される〝長い時間〟だったように思います。

〝その後〟の構想がなかった光秀

光秀の「謀反」は突然の決心だったため、信長を討ち取ったあとのことを考えていなかったように推測されます。

それゆえ、このあとどうするかについては、光秀と家臣にとって、もっとも急務で大事な軍議となります。

しかも、信長だけでなく、後継者の信忠（美濃岐阜城主）も討ち取りましたので、信忠の領国、美濃（岐阜県）と尾張（愛知県西部）についても考えなければなりません。

とりあえず、「鳥羽」の防備を固めることを手配して二日の午後に逢坂越《おうさかご》え（東海道）で近江（滋賀県）に向かいました。

信長の居城の安土城に向かったと思われますが、大津に至ると、安土への近道となる瀬田の唐橋が焼却されていて通行できないため、仮橋の建造を命じて、しばらくのあいだ居城の坂本城で待機しながら、当面の対策を講じることにします。

信長の畿内近国を含む、当時の支配領国と現況は次のとおりです。

1、遠国の西国は〝軍司令官〟羽柴秀吉の居城（姫路城）がある播磨のほか、備前・因幡・但馬の三か国……備中の高松（岡山市）で中国十か国を支配する毛利輝元（安芸広島城主）軍と交戦中であり、秀吉軍が畿内に戻ってくることはしばらくないだろうとの見込み。

2、遠国の北国は〝軍司令官〟柴田勝家の居城（北庄城）がある越前のほか、加賀・能登・越中西部の二か国半……越中東部の魚津（魚津市）で越後の上杉景勝（春日山城主）軍と攻城中であり、柴田軍が畿内に戻ってくることはしばらくないだろうとの観測。

3、遠国の東国は、甲斐武田家の滅亡のあと〝関東管領〟に任じられた滝川一益の居城（厩橋城《うまやばし》）がある上野《こうずけ》（群馬県）のほか、諸将（信長家臣）が配置された甲斐・信濃・飛騨の三か国……織田家の諸将は、越後の上杉景勝のほか、信長と手を結んだ相模の北条氏直（小田原城主）の動向を確認する必要があり、互いに連絡をとって共同歩調をとることにかなりの時日を要するとの見通し。

こうした観測から、当面の対処を畿内近国にしぼることにしたと思います。

それにしても、光秀軍だけで畿内近国をカバーすることはできません。近江と若狭のほか、美濃・尾張についても、味方を募る必要があります。

畿内近国の状況・光秀の観測は次のとおりと著者は考えます。

4、近江と若狭（福井県西部）については、近江（北半）の守護家の京極高次と若狭の守護家の武田元明（高次の義弟）の率いる近江衆・若狭衆を味方に付け、彼らに任せることにします（そのことを示す光秀の手紙など一次史料が残っておりません）。
5、丹後を分割統治する、長岡（細川）藤孝（宮津城主）と守護家の一色五郎（義定？藤孝の娘婿、弓木城主）は、形勢を観望し、当面は動かないと判断します。光秀「与力」大名の藤孝は中国出陣の命を受けており、摂津大坂に向かう途次にある可能性もあります。
6、光秀の「与力」大名で、大和守護の筒井順慶も中国出陣の命を受けており、同様に形勢を観望し、単独で動くことはないと判断します。
7、伊勢（三重県東部）は、北半の神戸信孝（信長三男、神戸城主）が「四国攻め」の大将の命を受け、摂津大坂に滞陣中であり、南半の北畠信雄《のぶかつ》（信長二男、松ヶ島城主）

は単独の軍事行動をしないと予測します。伊賀（三重県西部）は、三郡が信雄、一郡が織田信包《のぶかね》（信長弟）の知行地です。

8、摂津は、「与力」大名の高山右近（高槻城主）・中川清秀（茨木城主）・池田恒興（伊丹城主）らがおり、大坂に滞陣する「四国攻め」の神戸信孝・惟住（丹羽）長秀（近江佐和山城主）・津田信澄（信長の甥、近江大溝城主）らと連絡をとって上洛する可能性があり、その途上の「鳥羽」に防御ライン（山城淀古城―鳥羽の陣―山城勝龍寺城）を構築する必要があります。

9、河内は、三好康長（高屋城主）が「四国攻め」の先鋒として阿波（徳島県）に渡り、土佐（高知県）の長宗我部軍と交戦中でした。和泉は、「四国攻め」の副将の一人、蜂屋頼隆の領国です（摂津住吉に滞在）。なお、堺には代官松井友閑がいます（信長の勧めを受け、畿内遊覧中の徳川家康一行が滞在中でした）。

そして、信忠領国の美濃と尾張について、どうしたらよいかを考えたのでしょう。何よりも、主君信忠を失ったことによる混乱が想定され、誰に連絡をとってよいものか探る必要があります。とにかく、近江の隣国となる美濃に関しての対処は急務といえます。

その美濃について、本能寺の変後の概況にふれましょう。

信忠居城の岐阜城の留守居をしていた家老の斎藤利尭《としたか》（旧国主道三の子）が、縁戚（母の兄弟）の稲葉一鉄と組み、いちはやく城を押さえて形勢を観望していたようです。

一鉄（良通、揖斐《いび》郡清水城主）は、この年六十七歳の隠居ですが、かつて〝西美濃三人衆〟の一人として信長に通じ、美濃攻略に貢献した人物です。

この状況がわかれば、利尭と一鉄に連絡をとるのが適当といえるのですが、光秀にとって、一鉄は信長の光秀打擲の原因にかかわる苦手な人物です（第二章参照）から、使者を派遣することを躊躇せざるをえない相手といえます。

六月二日付けの光秀の手紙――「父子悪逆天下の妨げ」

本能寺の変前後の光秀の手紙など発給の文書は、これまでに確認されたものが少なく、今後の調査・研究による発見・確認の必要性が望まれる状況にあります。

その点で、大変に貴重な手紙（写し）が一点ありますので紹介いたしましょう。

父子の悪逆は天下の妨げであり（父子を）討ち果しました。そちら［美濃安八《あんぱち》郡］のことについては、お働きくださり、大垣の城を手に入れていただきたい。委細は（取次の）山田喜兵衛尉が申し述べるでしょう。恐々謹言［以上です、の意の書留文言］

惟日

在判［花押＝署名］

六月二日

西小

御宿所

この手紙（写し）は、江戸時代に著された、山鹿素行の『武家事紀』（延宝元〈1673〉年ごろの成立）に収録されています（素行は、『乙夜之書物』の編著者で加賀藩士の関屋政春が師事した兵学者）。

光秀の「在判」の肩書にある「惟日」は、天正三（1575）年以来の光秀の名乗り（名字プラス通称）となった「惟任日向守」の略称です。

羽柴秀吉や柴田勝家など〝軍司令官〟級の重臣や他国の外交交渉の相手にはフルネームの「惟任日向守」で記すのが通例（書札礼《しょさつれい》＝手紙を出すときの礼法）ですが、信長家臣であっても「与力」の国衆クラスには「惟日」の略称を用いています。

宛て名の「西小」は「西尾小六」のことで、この表記から、光秀と西尾との近しい関係が推測されます（小六は、稲葉一鉄と同じ〝西美濃三人衆〟の一人だった氏家卜全《うじいえぼくぜん》〈当時故人〉の妹婿です）。

つまり、貴重な一通は、美濃の国安八郡の野口城（大垣市）主西尾小六光教《みつのり》に宛てた手紙ということになります。

手紙の内容は、「悪逆」の信長・信忠父子を討ち取りましたので、味方として行動し、大垣城（大垣市）に入って拠点としてください、との依頼です。大垣城主は小六の義理の甥の氏家直昌（卜全の子）です。

小六は、京都の変事を知っていたでしょうか？　知っているか否かにかかわらず、小六が驚いたことは間違いありません。

信長の家臣である美濃国衆の小六は、同時に岐阜城主信忠の「与力」でもあります。小六にとって、信長父子の「悪逆」が説得力のある理由だったのかどうかは疑問といわざるをえません。

いずれにしても、光秀の誘いを拒絶したのか、あるいは無視したのか、小六が光秀に加担することはありませんでした。

このとき、小六は不惑の四十歳ですから、織田家の恩を思い「惑わず」に拒絶したのかもしれません。

のちに秀吉に仕えますが、関ヶ原の戦い後に家康に仕え、大坂の陣にも参加し、夏の陣後の十月に七十二歳で没しています（子孫は大名として幕末を迎えています）。

光秀の「謀反」は、個人的な理由によるものであり、直属の部下の将兵は別として、信長・信忠父子を「悪逆」とする判断は、信長家臣の誰にでも受け入れられる理由とはならないように思います。

この点から、西尾小六宛ての手紙は、本当に光秀が書いたものなのかどうか、つまり原本が存在したものかどうかが気になります。

六月二日以降、味方に付くようにと誘う手紙を書いたことは疑いの余地のない点ですが、内容に疑問がある上、これ一通しか残っていないのは、何とも残念なことです。

ちなみに、光秀の「謀反」に呼応したような動きが美濃の国でありました。

天正八（１５８０）年に信長から追放処分とされ、縁戚の稲葉貞通（一鉄の子、安八郡曽根城主、大垣市）の領地で蟄居生活を送っていた、安藤守就《もりなり》（八十歳?、道荳）一族の動向です。守就も〝西美濃三人衆〟の一人です。

本能寺の変を知った守就は、秘かに行動を起こし、旧城の本巣《もとす》郡北方《きたがた》城（岐阜県本巣郡北方町）を占拠しますが、そのことを知った一鉄・貞通父子に攻められ、八日に一族もろともに討ち取られてしまいます。

一鉄は、前述のように岐阜城を押さえた斎藤利堯に与《くみ》し、安藤守就の件でも、光秀に与しないことを行動で示したことになります。

守就が光秀の誘いを受けたものなのかどうかは史料的に明らかでありませんが、西尾小六よりは可能性が高いといえるように思います。

ほかに、光秀に呼応したような動きは確認できません。

2 光秀の〝三日天下〟

〝天下人〟の証としての「禁制」

翌六月三日付けの光秀発給の「禁制」があります。「禁制」は、武士身分以下の寺社や町村が、進攻してきた軍事行動の最高責任者に求めて発給してもらう、禁止事項を並べた〝安全保障〟の書類です。

宛て名は、山城の国乙訓《おとくに》郡の「大山崎惣中」という離宮八幡宮の神事に携わる住民組織です（「離宮八幡宮文書」）。

　　禁制　　　　大山崎

一　誰の軍勢であっても乱妨狼藉をすること。

一　軍勢の陣を置き、放火すること。

一　矢銭と称して銭を要求し、兵糧米を徴収すること。

　右の条々は、かたく禁止する。もし違反する者があったら、厳しい咎に処するものである。命令は以上のとおり。

　天正十年六月三日　　日向守（花押）

信長を討った「日向守」光秀が、京都を支配する新たな〝天下人〟となったと認識した「大山崎惣中」が光秀に「禁制」＝安全保障を求めたことになります。

ところが「大山崎惣中」は、光秀に「禁制」の発給を求めると同時に、摂津大坂の神戸信孝にも「禁制」の発給を依頼しています。住民にすれば、山崎が戦場になる可能性がありますから、両軍から安全保障を得たほうがよいと考えた結果なのでしょう。

信孝の「禁制」の日付は「天正拾年六月《ママ》　日」となっていますが、「大山崎惣中」に宛てた六月七日付けの「惟住（丹羽）五郎左衛門尉長秀」（信孝の副将）の手紙があり、光秀の「禁制」に四日遅れて発給されたことがわかります（『離宮八幡宮文書』）。

長秀は「当所の儀、三七（信孝）殿御制札〔禁制〕の旨に任せ、聊《いささ》かも異議あるべからず候」と述べています。

さて、光秀を新たな〝天下人〟と認識したのは「大山崎」だけではありません。

このあと、三か条同文の「禁制」が、光秀より畿内近国に出されています。

1、六月六日付け「多賀社中」宛て……近江の国犬上郡の多賀社（「多賀神社文書」）
2、六月七日付け「山城国上賀茂・同貴布祢《きふね》」宛て……京都（「賀茂別雷《かもわけいかずち》神社文書」）
3、六月九日付け「大徳寺並びに門前」宛て……京都（「大徳寺文書」）

確認されているのは以上の四通です。わずかの数といえますが、実際はもっと発給された可能性があります。のちに、羽柴（豊臣）秀吉が〝天下人〟になると、秀吉に遠慮して失われたものがあることが推測されるからです。

いずれにしても右の「禁制」からは、三日より九日にかけて、光秀を〝天下人〟と認める動きが、信長の事実上の支配地だった京都市内をはじめ、畿内近国に広がっていることがうかがえます。

2の「禁制」を所蔵する京都の上賀茂神社には、神社の算用状に「本能寺の変の翌日の3日に銅銭1貫文、4日と6日にも光秀の重臣に1貫文を贈った」との記事があるようです（令和2年9月2日付け「朝日新聞」夕刊）。

興味深い記事であり「禁制」を求める対価として、発給当日の三日に光秀本人に一貫文（現在の10万円ほど）、四日と六日には「光秀の重臣」二人にそれぞれ一貫文を贈ったということかもしれません。

神社は、光秀方に三貫文を贈って七日付けの「禁制」を得たことになります。その効果はあったのかどうか……。

ところで、禁制が発給された三日から九日のあいだ、光秀は、どこにいたのでしょうか。

二日の夕方から坂本城にいた光秀は、架橋工事の終わった五日に安土城に向かい、入城しています。

信長より安土城の留守居を命じられた蒲生賢秀《がもうかたひで》（蒲生郡日野城主）は、三日に信長の家族とともに居城の日野城（滋賀県蒲生郡日野町）に移り、子の賦秀《ますひで》（氏郷、信長の女婿）とともに籠城していますので、安土城は守備兵のいない空き城だったようです。

光秀は、安土滞在中の七日に、朝廷の窓口となる、東宮（皇太子）の使者吉田兼和（兼見）を迎えると、八日には坂本城にもどります。

そして、翌九日に、山中越え（比叡山の北側ルート）で、昼過ぎに入京し、吉田神社の兼和邸でときを過ごし、朝廷や五山・大徳寺などの寺院と接触を持ち、愛宕百韻以来となる連歌師里村紹把・昌叱・心前《しんぜん》と夕食を共にしてから、京都南郊の下鳥羽の陣に向かっています。

事変当時、「たま」ら光秀の娘たちは……

ここで光秀の四人の娘についてふれることにいたします。

長女（名前・生年未詳）は、天正六（1578）年ごろに信長の命令により、摂津一国を任された荒木村重の嫡男村次に嫁いだと推測されますが、同年に村重が毛利方となり反信長方を鮮明にすると、妻を光秀に送り返しています。

のち長女は、光秀の家臣明智秀満（三宅弥平次）と再婚し、天正九（1581）年に男子を産んでいます。

本能寺の変があった天正十（1582）年は、秀満が城代を務める丹波福知山城で、秀満の父とともに留守居をしていたと思われます。秀満の父は、のちに羽柴秀吉軍に捕らえられ、処刑されたとの話があります。

それ以降、秀満の妻（光秀の長女）に関する話はありませんが、男子（三宅藤兵衛重利）は、妹「たま」のもとで育てられたといい、孫の新兵衛重行が、肥後熊本藩二代藩主光尚《みつなお》（忠興の孫）の代に御使番衆（知行七〇〇石）となり、家系を現在に伝えることになります。

二女（名前・生年未詳）は、光秀の従兄弟とされる明智光忠に嫁いだとされています。信長の命による婚姻ではなかったようです。光忠は、丹波多紀郡八上城の城代とされていますので、本能寺の変があったころは、妻は八上城で留守居をしていたことになります。

光忠は、二条御所攻めのときに鉄砲傷を負ったため、京都東山の知恩院（浄土宗寺院）で療治していましたが、光秀が〝山崎の戦い〟で敗れたとの報に接したため、近江に向かい、坂本城に入って、明智左馬助と運命をともにしました（『系図纂要《けいずさんよう》』によると、四十三歳）。

三女の「たま」（のちの洗礼名＝ガラシャ）は、信長の命により、十六歳の天正六（1578）年に山城勝龍寺城主長岡（細川）藤孝の嫡男忠興（十六歳）と結婚し、近江坂本より勝龍寺城に輿入れしました。藤孝が天正八（1580）年に丹後宮津城主になると、移り住みますので、本能寺の変のときは丹後宮津にいました。

四女（名前・生年未詳）は、天正六（1578）年に、琵琶湖西岸の近江高島郡を与えられ、光秀の縄張りで築かれた大溝城の城主となった津田信澄（二十四歳。信重。信長の甥）の妻となっています（信長の命？）。

信澄は、従兄弟の神戸信孝（信長三男）が総大将となった四国攻めの副将として出陣の準備を進めていましたが、本能寺の変が起きたため、六月三日の渡海が中止となりました。

謀反人光秀の娘婿信澄は、光秀と同心しているのではないかとの噂を信じた、信孝と同じ副将の惟住（丹羽）長秀によって、五日に殺害されてしまいます。

信澄の妻（四女）は、近江大溝城で留守居をしていたのでしょうか。信澄とのあいだには、天正七（1579）年と天正九（1581）年に男子が生まれています。上の男子（織田主水昌澄《もんどまさずみ》）は、江戸時代になって二代将軍秀忠に仕え、旗本（知行二〇〇〇石）となり、家系を伝えています。

細川藤孝・忠興父子宛ての「覚条々」

東京・目白の永青文庫の所蔵品に、光秀の直筆とされる、六月九日付けの「明智光秀覚条々」があります。

「覚条々」が書かれた「六月九日」は、前述のとおり光秀が坂本城を出て、京都の吉田兼和（兼見）邸でときを過ごしたのち、夕方に京都南郊の下鳥羽に向かった日にあたります。

近江坂本城→（山中越え）→吉田神社の兼和邸→山城の下鳥羽、と移動するなかで書かれたとすると、昼過ぎから夕方まで滞在した吉田邸で書いたことが推測されます。

神主で公家の吉田兼和は、長岡（細川）藤孝の従兄弟で、父と藤孝の母が兄弟姉妹でした。藤孝も京都に来たときは吉田邸に立ち寄っています。この点からも、九日に吉田邸で藤孝に手紙を書いた可能性はあります。

「覚条々」には「光秀」の署名はありますが、宛て名がありません。でも、この点は「覚条々」に本紙となる、藤孝宛ての手紙があれば「覚」は別紙となるので、問題はありません（でも、残念ながら手紙の存在は確認できておりません）。

それでは「明智光秀覚条々」を、まずは読み下し現代文で紹介いたしましょう。

覚

一　御父子もとゆい御払いの由、尤も余儀無く候。一日、我等も腹立ち候へども、思案候程、かようにあるべき、と存じ候。然りと雖も、此の上は大身を出され候て御入魂希う所に候事。

一　国の事、内々摂州を存じ当て候て、御のぼりを相待ち候つる。但し、若の儀、思召し寄り候わば、是以て同前に候。指合《ママ》きと申し付けべく候事。

一　我等不慮の儀、存じ立ち候事、忠興など取り立て申すべきとての儀に候。更に、別条無く候。五十日、百日の内には近国の儀、相堅め候間、其の以後は十五郎、与一郎など、引渡し申し候て、何事も存じ間じく候。委細両人申されべく候事。

以上
六月九日

光秀（花押）

日付の下に実名と花押がありますので、光秀の書いた覚書といえるのですが、173ページに掲載した写真を見ると、花押の筆勢が弱いように思います。この点は、令和三（2021）年正月に開催中の展覧会で原本を見たときにも同じ印象を持ちました。

本文や実名（「光秀」）は右筆《ゆうひつ》（書記官）が書く例が多くありますが、花押は本人が書くのが一般的です。内容の点からは、本文も光秀本人が書くべきものといえます。

でも、本文についても「真筆」とされている、同ページ下段に掲載した光秀の直筆の手紙にくらべると、光秀の筆の特徴ともいえる勢いがないように見受けられます。

下段の手紙は、丹波攻めをしていた天正六（1578）年に推定されていますので、四年前の筆となりますが、上段と下段の二点を見くらべると、同一人物の筆とは思えません。

まずは覚条々の内容に注目しましょう。本文の三か条のみを現代語訳で紹介いたします。

一　御父子［藤孝と忠興］が（信長の死去を知って）元結を切ったことは、もっともなことでやむを得ないことです。一度は、私も腹が立ちましたが、思案すれば、そうあるべきと思います。でも、このうえは［光秀が謀反を起こすような状況になったのですから、代わりの］重臣を出されて、ご協力くださることを希望するところです。

一　国［恩賞の国］のことは、内々に摂津をと考えておりまして（御父子の）上洛を待ち望んでおります。ただし、若狭をお望みとのお考えがおありでしたら、これも同様に差し上げます。差しつかえることのないように申し付けるようにします。

一　私が考えてもいなかったこと［謀反］を思い立ったのは、忠興を取り立てようとしてのことです。ほかの意味はありません。五十日か、百日の内には（畿内）近国については固めます［平定できます］ので、それ以後は（私のせがれ）十五郎［光慶］と与一郎［忠興］に（畿内近国を）引き渡して、何ごとも考えないようにいたします。詳しくは、二人（の使者）が申し上げることにします。

第一条……信長の死を知ったため、藤孝・忠興父子が元結を切ったことが記されています。以後は、その事実を告げられた光秀の所感と「お二人はご無理でしょうから、重臣で

図表20　明智光秀覚条々 天正10年6月9日付け

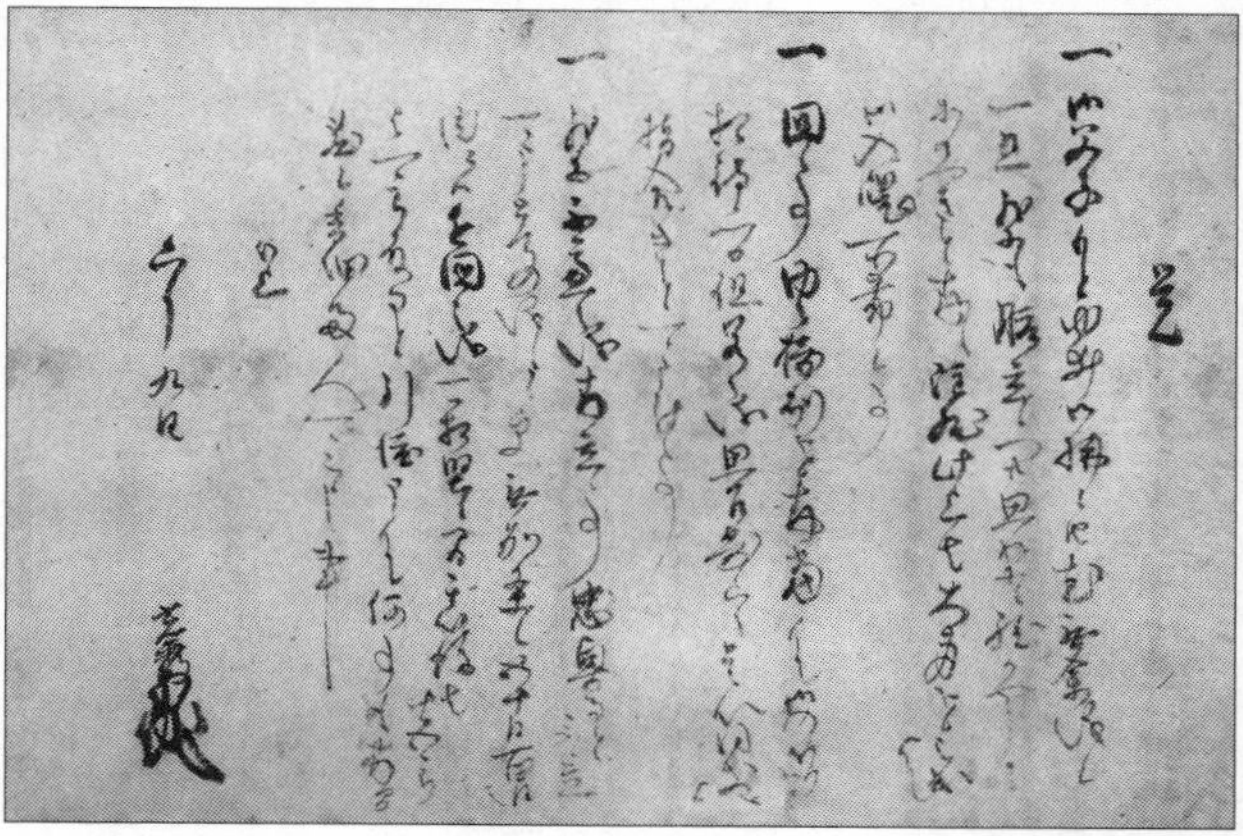

永青文庫所蔵

図表21　明智光秀真筆／帝国博物館蔵　天正6年9月13日付け、惟任日向守光秀の津田加賀守宛て手紙

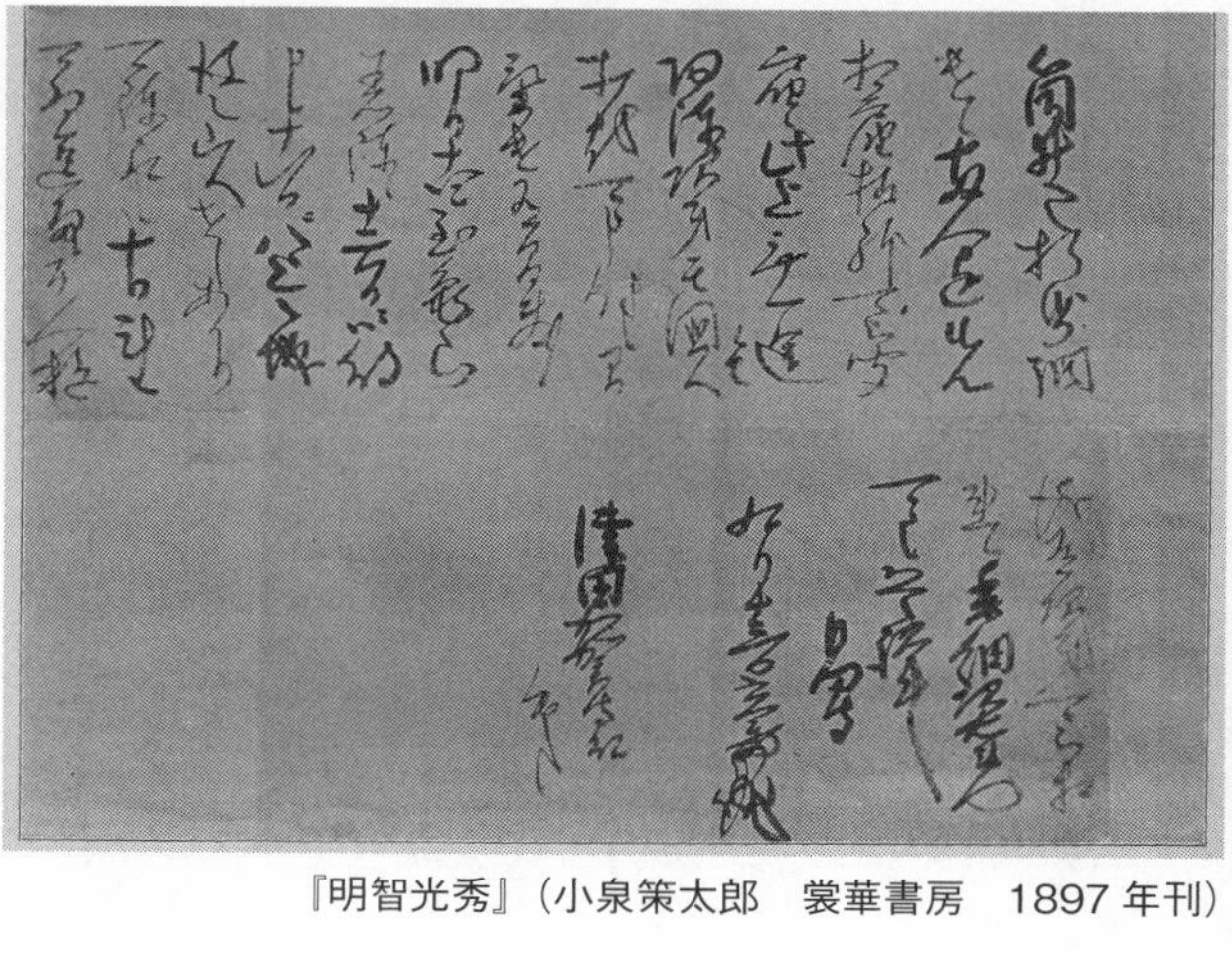

『明智光秀』（小泉策太郎　裳華書房　1897 年刊）

も……」との希望が述べられています。

第二条……事前ならともかく、信長を討った直後であり、状況が流動的といえる時点で話題にすることではないように思いますが、勝利したときの恩賞について述べています。あるいは、流動的な状況だからこそ、味方してもらうために約束するのが戦国時代のルールなのかもしれません。

第三条……「謀反」は忠興（二十歳）のためを思ってしたことと述べています。光秀の息子たち（十五郎光慶と自然丸）が年少である（あるいは、頼りない）ことによると思われますが、藤孝を説得するための方便とも読み取れます。

あるいは、第二条と第三条は、かつて藤孝と光秀のあいだで話題となったことがあるのかもしれません。ただ、九日ごろの状況を考慮すると、現実的ではないことはたしかといえます。

〝利宗遺談〟により、光秀「謀反」の真意を知った著者にすると、論評の仕様がない内容との印象です。

三か条からうかがえるのは、藤孝が光秀の「謀反」に何ら関与していないことを示すための文章ではないか、ということです。

事変前後の藤孝の動向

光秀「与力」の大名として、丹後宮津城（京都府宮津市）の藤孝にも信長の命が下っており、準備を終えた藤孝は六月三日に（午前中か？）出馬したといいます。

ところが、京都の愛宕山下ノ坊（藤孝が参詣したときの宿坊）の幸朝《こうちょう》より飛脚が到来し、京都での変事を知ると城にもどります。

疑問が湧きます。幸朝は、市内にいたのでしょうか、それとも変事を知り、市内に出かけて情報収集に努めた結果、信長父子の死去を確信したということでしょうか？

藤孝父子は、この情報により、信長の死は間違いないと確信し、元結を切ったことになります（飛脚のもたらした手紙は残っていないようです）。

飛脚が三日（午前中）に宮津に着くためには、京都→宮津＝80㎞ほどですから、時速4㎞として一昼夜歩き通したとしても、二日の早い時間に京都を出立しなければなりません。

この点で参考となる話があります。偶然に京都市内にいた、藤孝の重臣米田求政（貞能）が本能寺の変の一切を目撃しており、幸朝と相談して速足の者を飛脚としたので、三日に着くことができたといいます（細川護貞『細川幽斎』求龍堂、昭和四十七年）。

藤孝父子が元結を切ったあと（三日の夕方か、四日の朝方？）光秀の使者がやってきたといいます（このときの手紙も残っていません）。

光秀宛てに返事をしたためる必要はない状況です。元結を切った藤孝の姿を、使者に見せるだけで十分といえます。光秀の使者は藤孝父子の姿を見て驚き、文字どおり、飛んで帰ったことが推測される事態です。

つまり、九日の「覚条々」は〝藤孝の返事〟（近江坂本着は、五日か、六日？）を知った光秀が、九日の多忙な合間に、改めて藤孝の援軍が必要であると判断して〝苦渋の知恵〟をしぼり、再度したためたものということになります。

「覚条々」の内容とこの推測は、みごとにマッチするのですが、これまで述べてきた光秀の動向を勘案すると、やはり疑念（本当に光秀が書いた内容なのか）はぬぐえません。

ちなみに、大和の筒井順慶の場合は、光秀の使者が十日に大和郡山城にやって来たとの史料があり、順慶は使者の依頼を断ったと記されています（『多聞院日記』）。

この点からも、光秀の使者派遣があったことは疑いのないところですが、持参した光秀の手紙（あるいは覚書）の内容が「覚条々」のとおりだったかどうかは、疑問といわざるをえません。

からです。

ここで、三日の時点にもどりたいと思います。というのは、興味深い事実が確認されたからです。

光秀に与しないという藤孝の決断を受けて、重臣の松井康之が動きます。康之は、入魂《じっこん》の丹羽長秀（大坂在）を通して秀吉に「藤孝は光秀の「謀反」に加担していない」ことを伝えてもらい、みずからも秀吉の側近に手紙を出した結果、八日付けの秀吉の手紙を得たとのことです（林千寿『家老の忠義　大名細川家存続の秘訣』吉川弘文館、令和三年）。

つまり、藤孝父子は、京都の変事を知った三日の時点で、即座に備中にいる羽柴秀吉に付くことを決めていたのです。

藤孝は、正式に出家して「幽斎」と号し、忠興に家督を譲りました。家を守るために、光秀の「謀反」と無関係との証拠があると好都合です。十日か十一日になって、光秀から、都合のよい内容の「覚条々」が届いたことになります。

もう一つ問題があります。それは、忠興の妻「たま」をどうするかです。荒木村重の先例に学べば、離縁して光秀のもとに送り返すところですが、「たま」に対する恋情のゆえでしょうか、忠興は離縁せずに、丹後にあった光秀の領地「味土野《みどの》」に〝幽閉〟して世間から隠しています。秀吉の赦しが得られる日まで……。

3　光秀、窮余の〝秘策〟

再発見された光秀最後の手紙

最後の紹介となります。光秀の〝三日天下〟の終わりは、六月十三日です。ここで紹介する手紙は、六月十二日付けですから、亡くなる前日に書かれた最後のものといえます。

研究者のあいだでは、すでに「森文書」として知られていたようですが、原本の所在が確認されたのは、令和二（2020）年度の大河ドラマ『麒麟がくる』の予定が発表された、平成二十九（2017）年のことです。

手紙の宛て名に見える「雑賀《さいか》五郷」からすると、和歌山市辺りが推測されるのですが、何と岐阜県の美濃加茂市民ミュージアムに所蔵されていることがわかったのです。

全国放送の大河ドラマは、その関心の高まりもあって、登場人物や事件にまつわる新たな史料が発見されるというおまけがともなうことがあります。

本書の〝斎藤利宗遺談〟も、大河ドラマ『麒麟がくる』放送中の令和三（2021）年正月の発見でした。

さて、九日に下鳥羽に移った光秀の滞陣は、上洛する可能性のある、神戸信孝軍を迎え討つことに備えるものでした。

この時点では、備中にいる秀吉軍の合流は、光秀の意識になかったように思います。信孝軍を迎え撃つ場所として選んだのは、京都と摂津を結ぶ西国街道が隘路《あいろ》となる山崎（京都府大山崎町）でした。

十二日に光秀方の勝龍寺城の西で両軍の足軽が出会い、鉄砲戦があったらしいと吉田神社の吉田兼和（兼見）が日記に記しています。

どうやら、信孝軍（実は、秀吉軍）の先鋒が山崎に達したようです。この知らせを受けた光秀は、明日合戦があるかもしれないと考え、本陣を下鳥羽から山崎寄りに移したかもしれません。

そこに書かれていた内容は……

それでは、光秀自筆の「天正十年六月十二日付雑賀五郷宛書状」を紹介いたしましょう。

冒頭の二字下げは、尚々《なおなお》書き（追伸）で、本文を読んだあと、最後に読みます。本文で大事なことを繰り返して述べている場合があるからです。

まずは読み下し現代文を掲載します。

尚以て、急度御入洛の義
御馳走肝要に候。委細
上意として仰せ出されべく候条
巨細にあたわず候。

仰せの如く未だ申し通ぜず候処に
上意馳走申し付けられ候て
示し給い、快然に候。然して
御入洛の事、即ち御請申し上げ候。
其意を得られ、御馳走肝要に候事。

一 其国儀、御入魂あるべきの旨
珍重に候。いよいよ其意を得られ、申し
談ずべく候事。

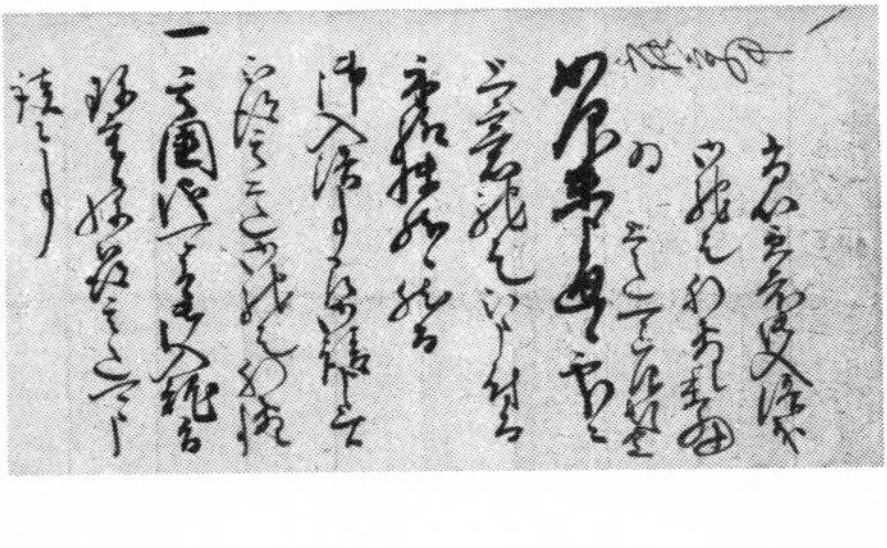

一　高野・根来・其元の衆
相談《あいだん》ぜられ、泉・河表に至り御
出勢尤に候。知行等の儀、年寄
国を以て申し談じ、後後迄互いに入魂
遁れがたき様相談ずべき事。
一　江州・濃州悉く平均申し付け
覚悟に任せ候。御気遣いある
まじく候。尚、使者申すべく候。
恐々謹言
六月十二日　光秀（花押）
雑賀五郷
土橋平尉殿
御返報

図表22　土橋重治宛光秀書状

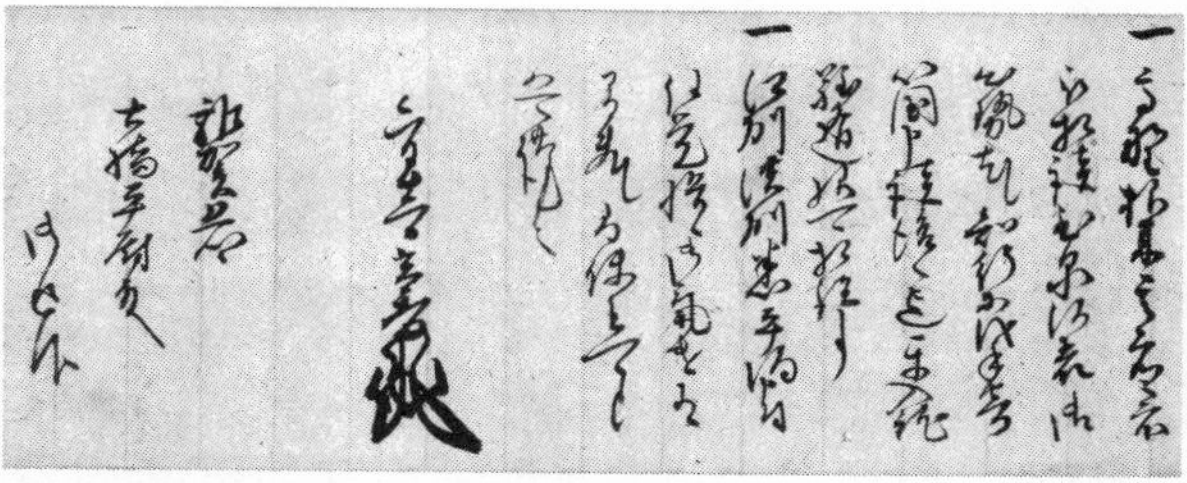

美濃加茂市民ミュージアム所蔵

（封紙）

「　　惟任日向守
雑賀五郷　　光秀
土橋平尉殿
　御返報　」

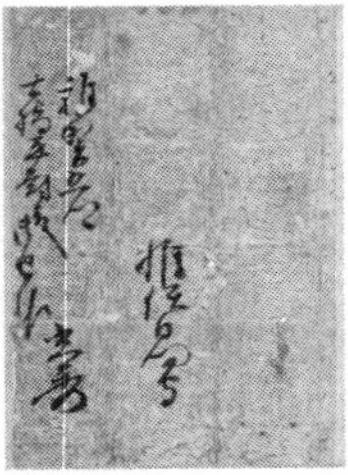

光秀が最後に頼ったのは？

では、手紙の背景にふれましょう。

十二日に、光秀が一縷《いちる》の望みを託す〝秘策〟に関する返事が届きました。

秘策は、旧主の十五代将軍（公方様）足利義昭を京都に迎えることです。

でも、問題があります。義昭は、元亀四（天正元、１５６３）年に信長に追放され、河内（大阪府）から紀州（和歌山県）を経て、毛利輝元の領地、備後（広島県東部）に動座していました。光秀には連絡の手立てがありません。

そこで、紀州雑賀（和歌山市など）にいて、反信長の旗を掲げ続け、備後にいる義昭とも連絡をとっている、土橋平尉重治《つちばしへいのじょうしげはる》を頼ることにしました。

日付不明（七日か、八日ごろか）ですが、周旋《しゅうせん》を依頼する手紙を持った使者を紀州に遣わします。その甲斐あって、承諾の返事が本日到来したのです。

使者を出したときより状況は悪化しているため、義昭の入京を期待する光秀は、土橋の承諾との返事に現在のきびしい状況を改善する、かすかな光明を見出し、正式に仲介を依頼する手紙を使者に持たせることにします。

手紙は後世に表装されていますが、幸いに封紙が残っています。表装の際に、本紙に合わせて天地左右がカットされ、本紙に並べて貼られておりますが、間違いなく戦火を潜《くぐ》り抜けた封紙です（右の読み下し文の「　」部分、182ページ右下の画像部分）。

それでは、本文と追伸を現代語訳してみましょう。

おっしゃるとおり、いまだ（私＝光秀と）通信がなかったにもかかわらず、公方様のお考えに沿った周旋を申し付けられていることを示してくださり、快い心持ちです。そして（公方様の）ご入洛については、即時に御請け申し上げます。私の意を汲まれての周旋がとても大切なことです。

一　紀州の雑賀衆と入魂になることは目出たいことです。これまで以上に私の意を汲んで、相談すること。

一　高野山の僧衆、根来の衆、雑賀の衆が相談され、和泉・河内［ともに大阪府］表への出陣は尤なことです。知行については、当方の年寄［重臣］と貴国が話し合いをし、のちのちまでも互いに入魂を続けるように相談すること。

一　近江・美濃は（味方の軍勢に）ことごとく平定を申し付けるなど、その心構えでおりますので、お気遣いの必要はありません。なお（詳しくは）使者が申し上げることでしょう。以上です。

〈追伸〉なお、かならず（公方様の）ご入洛についてはご周旋がとても大切です。詳細は、公方様がおっしゃることですから、細部にはふれておりません。

手紙には、足利義昭の名前が見えませんが「上意」や「仰せ出され」のことばがあることから、その対象が備後鞆《とも》の浦にいる将軍（公方様）足利義昭であることが確定できます。「ご入洛」も義昭の京都入りのこととなります。

光秀は、再度、紀州の土橋重治に手紙を持った使者を送り、引き続き義昭との仲介に尽力してくれるよう強調しながら、重治と連携する軍事行動の必要性を述べています。

しかしながら、それが実現することはありませんでした。

備中の対毛利陣にいた羽柴秀吉が〝中国大返し〟で摂津にもどり、この日摂津の高山右近ら光秀の「与力」大名を先鋒とし、翌十三日、山崎に信孝軍を合わせた二万の軍勢で布陣して、八〇〇〇〜一万の明智軍と戦い、勝利します。

敗れた光秀は、近江坂本に敗走する途中、山城（京都府）小栗栖で落武者狩りに遭遇して命を落としてしまったことは、ご存じのとおりです。

光秀は、将軍足利義昭を京都に迎えて幕府を再興するつもりだったのでしょうか？　かつて義昭から離れ、信長に随ってきたにもかかわらず、天正十（１５８２）年のこの時点で昔にもどろうとしたとは考え難いようにも思います。

それよりも、信長を討ったあとの劣勢を挽回するために窮余の〝秘策〟として思いついたと考えたほうがよいかもしれません。それしか打つ手がなかったというわけです。結局、秀吉のもどりが予想外に早かったため〝秘策〟が日の目を見ることはありませんでした。

光秀を討った秀吉は、信長の「天下布武」を引き継ぎ、天正十三（１５８５）年に関白となり、天下統一に邁進します。

天正十五（１５８７）年に薩摩島津氏が降参し、九州平定がなると、十月に備後に居住する義昭を京都に招いています。

でも、義昭は、天正十七（1589）年正月、将軍職を辞任して出家します。二人のあいだに何があったのか明らかではありませんが、秀吉は紛争の火種を消すことにしたのでしょう。

そして、翌天正十八（1590）年に関東の小田原北条氏を滅ぼし、東北地方の諸大名の仕置を終えて天下を統一します。本能寺の変から八年後のことでした。

終章　本能寺の変で〝勝利〟したのは誰か

明智（惟任）光秀が、主君で〝天下人〟の織田信長を討った本能寺の変は、光秀の「謀反」の真相が明らかでなかったため、これまで日本史上最大の謎とされてきました。

でも、江戸時代の17世紀後半に成立した『乙夜之書物』に収録された〝斎藤利宗遺談〟の発見により、光秀の「謀反」は突然に思い立ったものであり、光秀と重臣の密議であることが明らかになりました。

この発見により、秀吉・家康・朝廷（天皇・公家）・宣教師の関与説、あるいは黒幕説は成り立たないことになります。

「謀反」の理由についても、斎藤利宗遺談を語った加賀藩士の井上重盛（清左衛門）が後年に『乙夜之書物』の編著者で加賀藩士の関屋政春に語った、次のような話が、政春の十年後の編著『政春古兵談』に収録されていることがわかりました。

光秀は、稲葉一鉄が旧家臣の斎藤利三の取り戻しを信長に訴えた件で、信長から「稲葉家に返せ」との命令を受けますが、承諾しなかったため、三月に信長の甲斐出陣にお供したとき、信濃（長野県）諏訪において、信長や小姓たちから執拗な打擲を受けました。

それだけではありません。

五月中旬には、安土城を訪れた徳川家康（遠江浜松城主）一行の饗応役を信長から命じられますが、その仕様が思し召しにかなっていないとして、できあがってきた膳椀などの器物を堀に捨ててしまうという、衆目のなかで大変な恥辱を与えられてしまいます。

右の二つの出来事は、利三ら光秀重臣の知るところとなり、重臣たちは光秀が「謀反」を思い立つに違いないと確信し、いまかいまかと光秀の決心を待っていました。

光秀が決心したのは、信長父子が京都にいることを知った五月二十九日のことと推測され、中国出陣の当日となる、翌六月一日の亀山城での軍議の席で告白したのです。

光秀の「謀反」は、以上の理由・経緯による突発的なものであり、目的は信長（と信忠父子）を討ち取ることの一点でした。当然、死を覚悟した「謀反」であり、信長父子を討ったあとのことは、光秀の意識にはなかったといえます。

それゆえ、その後の手配りも万全を欠くものであり、とくに「与力」大名の長岡（細川）

藤孝と筒井順慶を味方に付けることができなかったばかりか、短時日のうちに〝中国大返し〟で畿内に戻ってきた羽柴秀吉との合戦の日を予想より早く迎えてしまったのです。

生涯、城攻めばかりで、会戦の経験のなかった光秀にとって、十三日の〝山崎の戦い〟は勝利の見通しについて自信が持てない戦いだったかもしれません。

光秀の〝三日天下〟とされる、六月二日〜十三日の十一日間は、家臣の努力はあったものの、信長重臣としての光秀の才能はまったく発揮されておりませんでした（信長あっての才能だったのです）。

十三日の〝山崎の戦い〟の敗戦後に、不慮の死が待っていたのも、必然ともいえる事態の推移です。

そして何よりも、光秀の「謀反」により〝天下人〟信長と後継者信忠の父子二人が同時に死去するという突発事態が現出したことは、〝山崎の戦い〟で勝利した秀吉にとって、一躍、歴史の表舞台に主役として登場する契機となります。

天下人秀吉の誕生は、ライバル光秀の「謀反」のおかげということができます。備中の陣で光秀の「謀反」を知ったときの秀吉は、どんな表情を浮かべたのでしょうか。想像してみたくなります。

青春新書
INTELLIGENCE

こころ涌き立つ「知」の冒険

いまを生きる

"青春新書"は昭和三一年に——若い日に常にあなたの心の友として、その糧となり実になる多様な知恵が、生きる指標として勇気と力になり、すぐに役立つ——をモットーに創刊された。

そして昭和三八年、新しい時代の気運の中で、新書"プレイブックス"にその役目のバトンを渡した。「人生を自由自在に活動《プレイ》する」のキャッチコピーのもと——すべてのうっ積を吹きとばし、自由闊達な活動力を培養し、勇気と自信を生み出す最も楽しいシリーズ——となった。

いまや、私たちはバブル経済崩壊後の混沌とした価値観のただ中にいる。その価値観は常に未曾有の変貌を見せ、社会は少子高齢化し、地球規模の環境問題等は解決の兆しを見せない。私たちはあらゆる不安と懐疑に対峙している。

本シリーズ"青春新書インテリジェンス"はまさに、この時代の欲求によってプレイブックスから分化・刊行された。それは即ち、「心の中に自らの青春の輝きを失わない旺盛な知力、活力への欲求」に他ならない。応えるべきキャッチコピーは「こころ涌き立つ"知"の冒険」である。

予測のつかない時代にあって、一人ひとりの足元を照らし出すシリーズでありたいと願う。青春出版社は本年創業五〇周年を迎えた。これはひとえに長年に亘る多くの読者の熱いご支持の賜物である。社員一同深く感謝し、より一層世の中に希望と勇気の明るい光を放つ書籍を出版すべく、鋭意志すものである。

平成一七年

刊行者　小澤源太郎

著者紹介

菅野俊輔〈かんの しゅんすけ〉

1948年東京生まれ。早稲田大学政治経済学部卒業。歴史家、江戸文化研究家。早稲田大学エクステンションセンター、朝日カルチャーセンター、毎日文化センター、読売・日本テレビ文化センター、小津文化教室で古文書解読講座の講師を務めるほか、講演、著述、テレビ・ラジオ出演、時代考証など多方面で活躍中。

おもな著書に『江戸の長者番付』(小社刊)、『江戸っ子が惚れた忠臣蔵』(小学館)、『書いておぼえる江戸のくずし字いろは入門』(柏書房)、『大江戸「古地図」大全』(宝島社)、『江戸・戦国のくずし字 古文書入門』(扶桑社)などがある。

真相解明《しんそうかいめい》「本能寺《ほんのうじ》の変《へん》」

青春新書 INTELLIGENCE

2021年7月15日　第1刷

著者　菅《かん》野《の》俊《しゅん》輔《すけ》

発行者　小澤源太郎

責任編集　株式会社プライム涌光

電話　編集部　03(3203)2850

発行所　東京都新宿区若松町12番1号 〒162-0056　株式会社青春出版社

電話　営業部　03(3207)1916　振替番号　00190-7-98602

印刷・中央精版印刷　製本・ナショナル製本

ISBN978-4-413-04626-8

©Shunsuke Kanno 2021 Printed in Japan

本書の内容の一部あるいは全部を無断で複写(コピー)することは著作権法上認められている場合を除き、禁じられています。

万一、落丁、乱丁がありました節は、お取りかえします。

こころ涌き立つ「知」の冒険！

青春新書
INTELLIGENCE

弘兼流 やめる！ 生き方	弘兼憲史	PI·602
会社を離れても仕事が途切れない7つのツボ	伊藤賀一	PI·603
ウイルスに強くなる「粘膜免疫力」	溝口 徹	PI·604
認知症グレーゾーン 「人の名前が出てこない」だけではなかった	朝田 隆	PI·605
心と体の免疫力を高める「1日5分」の習慣 感情を〝毒〟にしないコツ	大平哲也	PI·606
あの神様の由来と特徴がよくわかる 日本の神様の「家系図」	戸部民夫	PI·607
英会話 言わなきゃよかったこの単語	デイビッド・セイン	PI·608
脳科学者が教える「ストレスフリー」な脳の習慣	有田秀穂	PI·609
ボケたくなければ「奥歯」は抜くな	山本龍生	PI·610
リーダーとは「言葉」である 行き詰まりを抜け出す77の名言・名演説	向谷匡史	PI·611
自衛隊メンタル教官が教える 心をリセットする技術	下園壮太	PI·612
「エビデンス《科学的根拠》」の落とし穴	松村むつみ	PI·613
自分で考えて動く部下が育つすごい質問30	大塚 寿	PI·614
血糖値は「腸」で下がる 腸からインスリン・スイッチをオンにする生活習慣	松生恒夫	PI·615
最速で体が変わる「尻《しり》」筋トレ 1日5分！ 世界標準の全身ビルドアップ術	森 豊 弘田雄士	PI·616
〝スカノミクス〟に蝕《むしば》まれる日本経済	浜 矩子	PI·617
教科書の常識がくつがえる！ 最新の日本史	河合 敦	PI·618
ビジネスが広がるクラブハウス	武井一巳	PI·619
語源×図解 くらべて覚える英単語	清水建二	PI·620
ストレスの9割は「脳の錯覚」 思考グセに気づけば、もっとラクに生きられる	和田秀樹	PI·621
還暦からの人生戦略 最高の人生に仕上げる〝超実践的〟ヒント	佐藤 優	PI·622
2035年「ガソリン車」消滅	安井孝之	PI·623
2030年を生き抜く会社のSDGs	次原悦子 サニーサイドアップグループ	PI·624
ミッドライフ・クライシス	鎌田 實	PI·625

お願い　ページわりの関係からここでは一部の既刊本しか掲載してありません。